開運アドバイザー
Ryohei Sai
崔 燎平 著

世界中の強運者は
みんな知っている

運の本質

永岡書店

はじめに　ザルと器の話

こんにちは崔《さい》燎《りょう》平《へい》です。

もしかしたら、この本で「はじめまして」の方もいらっしゃるかもしれません。

福岡の片田舎で小さいながらも自分の会社を経営させていただいています。あまり会社に出勤できていませんが一応、会社の経営者です。

先日、娘から「お父さんの仕事はなんなの?」と聞かれることがありました。学校からの宿題があったようで、僕は「〝会社経営者〟でいいんじゃないか?」と答えたところ、

「でも本も書いてるでしょ?」

「そうだね！　今回で5冊目になる本も書いたし、そろそろ『作家』って名乗っても良いのかな？」

「それに！　運のアドバイザー？　コンサルタントもしてるんだよね？」

「よく知ってるね⁉　確かに！　今はたくさんの会社から依頼をいただいて顧問アドバイザーとしての顔もあるね」

「まだあるよね？　毎週、全国を飛び回って講演してるから講演家？　それからYouTuberでもあるでしょ？」

言われてみれば確かに。どれひとつとっても、ちゃんとした収入をいただいているので間違いなく仕事だとあらためて気づかされました。

娘は、「うちのお父さんは会社の経営者で！　作家で！　運のアドバイザーで！　YouTuberで！　講演家です」と書いた作文を提出したところ、学校の先生から「驚きすぎて言葉になりません」と感想をいただきました。自分もあらためて気づいて驚いたので……きっと先生も驚いたことでしょう（笑）。

でも、いつから僕はこうなったのか？　を考えてみました。

遡ること20年ほど前……サラリーマンをしていたときに、とあるイベントでよく当たる占い師さんに自分のこれからを観《み》てもらったことがありました。

「あなた……30歳まで生きられるかなって感じ？」

「はっ？　〝感じ？〟じゃねぇし！　30歳まであと7年くらいしかないんですけど……ならお金持ちには？」

「お金にも縁がないのよね。幼少期から貧乏だったでしょ？　あっ！　あと結婚にも、子どもにも縁がないわ」

「あっ！」って、それついでに言うことじゃなくない？

ってなわけで、よく当たると言われる占い師さんに随分と酷《ひど》いことを言われ、もともとネガティブな性格が、さらに拍車をかけてネガティブになりました（笑）。

でも言われっぱなしは悔しいので独学で占いの勉強をするようにしました。

勉強してひとつわかったことは**「運」は自分で変えられる**ってことです。

生まれ持ったものは変えられないけれど、生まれて出てきてから……これからの「運」は自分で決められる！　重要なのは「運」だ！

今の世の中にたくさんある「運が良くなる方法」のどれをやれば運は本当に良くなるのか？　もっと簡単で！　すぐに良くなる方法はないのか？

いつもそんなことばかりを考えていました。

若かりし頃の僕は、勉強はできない、体は大きいのに力もなければ運動神経も悪い、笑顔が大切とか、「笑う門には福来る」なんていうけど、ニコニコしていたら「唐揚げに似てるね！」なんて言われる始末。

もちろんモテたことなんてありませんし、外見にも内面にも自信がない。時間があれば不平や不満を口に出す。愚痴文句のオンパレードでコンプレックスとネガティブの塊でした。

自分なりに、このままではいかん！　と感じ、いろいろな本を読むようにしました。そして気づいたこと……数多く存在する経営者やお金持ちが口を揃えていう言葉があるんです。それは……

「**自分は運が良かったから**」

そう！　不細工でも！　才能がなくても！　そして生まれ持った星が悪いとか言われても！　運さえ良くなればお金持ちにもなれて成功できるんじゃないか⁉

そう考えた僕は「**〝運〟を研究して自分の運をもっと良くしよう！　強くしよう！**」と考えるようになりました。

そんなタイミングで東京に就職することになり、そこで出会ったのが運のスペシャリストだと豪語する超毒舌の「師匠」と、大成功を収めた会社経営のかたわらで占いをしていた「先生」です。

ひょんなことから、この2人と出会ったことで自分の人生の歯車は大きく動き出しました。

東京にいた頃の僕は週末になると、この2人に会いに行き、「**運が良くなりたい！　運を強くしたい！**」と伝えては、いろんなアドバイスをいただいていました。

まずは習慣を変えること！　そして継続すること！

トイレ掃除から始まり、毎日の挨拶、毎日の運動などなど。次から次に宿題を渡されては継続する日々……確かに、何となく良くなったような気はするけれど、給料が上がったわけでも、宝くじが当たったわけでもありません。

そのうち毎週出される宿題に我慢できなくなりました!!

「もう何十個とやっているけど、本当にこんなことで俺は運が強くなるの？　お金持ちになれるのかな？　あとどれくらいやったらいいの？」

と師匠に聞いたところ、衝撃の一言が返ってきました！

「あなた、日本も含めて世界の大富豪や強運者が毎日トイレ掃除しているとでも思ってんの？〝あと、どれくらい？〟あなたが〝気づくまで〟よ。１００個くらい宿題を出してあげるよ」

笑いながら言っています。

「はぁ⁉ 運が良くなるために毎日やれって言うからやっているのに！ ふざけんなよ！」

そんな自分に対して先生はこう言いました。

「今までやってきたアドバイスに何ひとつ無駄なんてないのよ。今の世の中にあるいろいろな運を良くするための方法は、『すべて効果がある！』とも言えるし『まったく効果なし』って言う人がいるのも確かなのよね」

確かによく考えたらイーロン・マスクがトイレ掃除なんてやっているイメージはありませんし、〝気づくまで〟って何？　効果ある人がいたり、いなかったり！　って、どういうこと？

「簡単に言えば、あなたは**器を持たないザル人間**なんだよ！」

「ザル？」

「今までやってきた運が良くなるための宿題のひとつひとつが、一滴一滴落ちてくる雫《しずく》のようなもんよ。一滴一滴でもそこに器があれば水は溜まるし、いずれはあふれるけど、ザルならどうよ？」

「そりゃ、水が溜まることはないし、もちろんあふれることもないよ」

「その雫こそが〝**運**〟なのよ！　ザルの状態で、あれやってもこれやっても効果ないって、そりゃそうさ（笑）。逆に考えれば、こんなにたくさんのことをしなくても〝器〟さえ持っていれば、トイレ掃除ひとつだけでも水は溜まっていく！

つまりは〝運が良くなる〟ってこと。その〝器〟のことを知ることができれば運は良くなるし！　強くもなる！　何をやっても効果はあるって実感できるようになるよ。あなただけじゃないよ！　今のほとんどの人がこの〝器〟のことを忘れてしまったんよ」

「じゃぁさ、その〝器〟って何？」

「そんなもん簡単よ！　それは○○よ」

「はぁ？　何それ？　そんな簡単なこと？　意味わかんねぇ。その答えガッカリだよ！　しかも、自分がいちばん嫌いな言葉のひとつな！」

「そう！　だから気づくまで宿題を出し続けるわよ」

「もういいわ！」

師匠と先生から教えてもらった「器」の正体！

当時の僕はすごく簡単なことだから「わかりきってる」と思ってました。

「○○くらい知ってるわ！」

「知ってる人はたくさんいるけれど、わかってない人がほとんどよ」

「いや！　わかってるし」

「だから！　それが、わかってないんだよ（笑）」


……と、ここまでが18年前に師匠と初めてやった喧嘩のお話です。

運が良くなるためにやることは、**〝たったひとつのことに気づく〟**こと。

それこそが「**器**」**の正体**です。

18年も前に答えを教えてもらったのに、理解するまで18年もの月日がかかってしまった、「**運が良くなるための方法**」を書かせていただきました。

contents

第2章 「愛」の意味を知るということ

第3章 「先祖供養」の重要性

第4章 「信仰心」が教えてくれたこと

第5章 「感謝」って何だろう？

第6章 自分の能力を限界突破する強運者たち

第1章

「占い」をやってわかったこと

「占い」の技術を身につけ始めた頃
人間の本質を垣間見ているようで
占うことが楽しくて仕方ありませんでした。
ところが何年も続けていくなかで
見えてきたこと、わかったことがあります。
占いとは何なのか？　習慣の大切さとは？
最初にふれておきたい僕の気持ちです。

「占い」は〝予言〟ではなく〝予測〟である

2018年の5月。ひょんなご縁から本を書くきっかけをいただき、処女作**『50000人を占ってわかった　99％の人生を決める1％の運の開き方』**（内外出版社刊）で作家デビューすることになりました（これまでに4冊の本を書きました）。

ただし、処女作のタイトルに「占って〜」とあるからといって、僕は「占い師」ではありません。九州の某所で事業を営む経営者であり、顧問先数社の代表のみなさまにいろいろなアドバイスを伝える役割を担わせていただいている人間です。

不思議なご縁によって「占い」と関わる人生になりました。

今から20年近く前、街なかでいきなり知らないお婆さんに話しかけられ、腕をつかまれて、次のように言われてから一気に運命が動き始めました。

「あなたは、いつか占いをすることになるよ」

突然の出来事に、その瞬間は驚いて言葉も出ませんでしたが、人とのご縁や運命とはおもしろいものですよね。その後、「**師匠**」**や**「**先生**」と仰ぐ人たちとのつながりから占いをベースにした「**開運アドバイザー**」という仕事が加わり、もともとの事業家という肩書きに「**作家**」が加わり、そして近年では「**講演家**」と呼ばれるようにもなりました。人生が大きく動いたことに僕自身がいちばん驚いています。

必然とも思える「師匠」や「先生」との出会いから天文学や四柱推命、風水、九星気学、算命学、手相、家相、陰陽五行説、姓名判断、方位など、人の運勢にまつわる、あらゆる勉強をさせていただきました。

若い頃は、本当に自信がなく、夢や目標も少なかった僕ですが、いろいろな学びを重ねていくうちに、まずは自分自身が「**幸せ**」**を実感できる**ようになりました。そして、学べば学ぶほどに「**運が強くなりたい**」と思ったのです。

最近では「**予約の取れない開運アドバイザー**」などと呼ばれることもありますが、「予約が取れない」と言われている理由は、予約の受付をしていないから。なので予約が取れなくて当たり前です（笑）。

数年前まで、飲食店を経営するかたわら、お店に来ていただくお客様へのサービスとして占いの鑑定を始めたのがきっかけでした。おかげさまで17年ほどの間に全国各地で6万人以上の方に運のアドバイスをさせていただきました。

「占い」のことを〝予言〟みたいに思っていて、当たるとか当たらないだけで判断する人は少なくありませんが、占いは予言ではありません。**占いとは、言い換えると天気予報みたいなもの**です。例えば、

「明日の午後4時15分から、○○エリアに雨が降ります」

こう言いきってしまうのは予言になりますよね。

ところが、天気予報なら次のようになります。

「明日の午後、○○エリアでは気温の変化から気圧にも変動が生じて雨が降りやすくなりそうですので、傘をご用意したほうがいいでしょう」

つまり過去のデータ（統計）をもとに、まさしく未来を「**予報**」するのです。

仮に、もしピクニックや野外バーベキューをしに行く予定なら、明日は雨になりそうだから3日後にしようか……とか、心の準備や判断がしやすくなります。

占いもこれと同じです。婚期を訊ねてきたお客さんに例えるなら、僕はありとあらゆるデータからその人の運勢の流れを読み解き、こうやってアドバイスをします。

「どうやら今はまだ結婚の時期ではないみたいですね。流れ的には半年後がよさそうだから、今は慌てず、自分を磨いたり、ワクワクしたりすることにチャレンジされてはいかがですか？」

日々の天気が気温や気圧で変化するように、または日本に春夏秋冬の四季があるように、目には見えませんが、それらは人に大きな影響を与えます。まさか冬の海で海水浴をしようと思わないのと一緒で、感覚的に情報（予報）を知ることによって、身のこなし方が判断できれば人生との向き合い方も変わります。

運勢って、天気や四季のなかにある気温や気圧のように、ずっと上がったり、下がったりを繰り返しているものなのです。良い悪いではありません。上がっているのか、下がっているのか、そういう性質です。

どんな運勢になっても良いと悪いを決めているのは、その人の心なのです。

ですから「占い」とは、情報（データ）をもとにして、人生の流れや見通しを予測することなんだと思ってください。

僕の師匠から教えられた、とても大事なことを記しておきます。

「どれだけよく当たると言われる占い師でも、
四柱推命や手相、人相でわかるのは、全体のたった1%くらい。
人は運命の99%を自分で決めることができるのよ。
残りの1%を占って、これからをどうやって生きていくのか、
そのきっかけを伝えるのが占いをやる人の使命よ」

僕自身、18年もの時間を費やし、本格的に「占い」と付き合ってみて、師匠とまったく同じ意見です。天気予報と同じように100%の的中率なんてことはありえません。それどころか、占いの言葉だけを信じて生きるほど危険なことはないと思っています。

人は自分が決めた通りの〝人間〟になる

これまで実にたくさんの方たちの人生や運勢に携わらせていただくなかで、気づいたことがありました。それは、「**人は自分が決めた通りの〝人間〟になる**」ということです。どういうことかというと、例えば「夢」がわかりやすいですよね。

夢をもったとき、ただ夢を語るだけの人と、自分の夢を叶えたり、目標を達成したりする人では、いったい何が違うのか？　これは明確な違いが言えます。

それは、何も特別な力添えがあったり、特別な努力を要したり、特別に能力が高いからではありません。**夢に対する思い方や思いの強さが実現、達成する運を引き寄せる**ことにつながります。

つまり、**思いを馳せる時間が長かったか短かったか**、この違いだけなのです。明確に「なりたい人」なのか、「なりたい目標」なのか、「叶えたいもの」なのかということ。そこに対する**思いの強さの違い**です。

きっと読者のみなさんも今年の正月にはいろいろな夢や目標を立てて、手帳に書いたり、手紙にしたためたり、書き初めなんかもしながら明確にしたことだと思います。ところが数日経ってみると、忘れている人がほとんどではないでしょうか。

今、この瞬間、本書を置いて、すっと夢や目標が言える人!

いかがでしょうか? 自問自答してみてください。

夢や目標を立てたはいいけれど思い出せない……なんて人もいるのではないでしょうか。１日５分だけでもいいのです。今年、自分が叶えたいと描いた夢や目標に対して、毎日思いを馳せる時間があったかどうか、ぜひ問うてみてください。

講演会などでも何度か話をしている**僕の娘から教えられた体験**です。

娘は保育園のとき、ずっと運動会でのかけっこ大会では１位でした。ところが小学校に上がってみると、いきなり生徒の人数が増えたことや、今の小学生の子どもたちは身長順で走らされることもあって、男女混合の走りが増えました。

男の子たちのなかには、めちゃめちゃ足が速い子もいて、娘は練習の間ずっと3位だったようです。彼女なりに、ちょっと落ち込んでいました。

「まぁ、男の子は走りが速い子もいるから、しょうがないね」

僕は慰めのつもりで笑って言いましたが、あるときふと娘を見ると、あまりにもボーッとしています。見たいテレビをつけてあげても、YouTubeを見せても、なんだか見ているようで見ていません。まさかと思ったうえで聞いてみました。

「もしかして、かけっこ大会のこと考えているの？」

するとパッと振り向きながら、娘はこう言ったのです。

「ううん、そうじゃなくて。パパさ、靴を変えたほうがいいかな？」

ん？　靴？　何の話？

「いや、うん……。靴を変えるって、でも大会の本番まであと1週間をきっているからさ。靴が合う、合わないもあるだろうけどね……」

落ち込んで、しょんぼりしているからボーッとしているのかと思いきや、娘はじっと何かを考えているようでした。よくよく見ていると、YouTubeでも走りが速くなる方法みたいなチャンネルしか検索していないようなのです。

そんなこともあった、ちょうど本番1週間前くらいから、我が家ではおかしな現象が起きました。夜中になると娘が寝ながら暴れるのです。

暴れて僕の体を蹴ってくるから「もう、たまらん！」となって、いちばん端っこによけるようにして寝始めると、今度は、どかどかとふすまを蹴るようになったのでした。

「これ、何なんかね？」

妻と話しながら娘の不可解な行動を眺めていました。

かけっこ大会当日の朝、娘は早く起きてきました。ムクッと起きて、すぐ妻に声をかけて台所へと連れて行きます。何やら話し合っている様子……その光景を見ていた僕も「何かあったんかなぁ？」と思いながら台所に行きました。

なんと娘はゆがいた人参をそのままの形で食べていたのです。

「えっ？　なんで人参を食ってんの？」

妻に聞いてみると笑いながら「本人に聞いて」って言います。

「ねぇ、どうして人参を食べてるの？」

すると娘は真剣な顔で「夢にウサギさんが出てきてこう言った」と言うのです。

「ウサギさんに『足が速くなるためにはどうしたらいい？』って聞いてみたら、ウサギさんが『お前は人参食え』って言ったの。だから人参を食べてるの」

娘から答えを聞いた瞬間、僕はハッとして思いました。

そうか！　この1週間の間、毎晩娘の寝相が悪かったのは、彼女は夢の中でもずっと走っていたに違いない、と。だから僕は蹴られ続けたのか。

小学校1年生が考える、いちばん走りの速い動物と言えば、おそらくウサギしか思いつかなかったのでしょう。

そんなウサギに対する潜在意識みたいなものが、何かしらの形でウサギを夢の中に登場させ「人参を食べろ」と言わせた……。

夢に出てきたウサギさんに言われた通り人参を食べて、本人は思いきりスイッチが入っているわけですね。そういうことをしたからといって、かけっこで1位になれるかどうかはわかりませんが、人参にドーピング効果があるわけないと思いながらも、僕はただただ凄いと思いました。

思い続ける力って凄いなぁ、と。

当日、僕はカメラで大会の模様を撮影していました。

本番はギャラリーもいるし、テープもあるし、パンッと鳴るピストルの音もある。

1年生なんて今まで経験のないことだらけなので、みんなめちゃめちゃ力んでいたのでしょう。娘のグループはスタート時に3回もフライングしてしまいました。それをかなり厳しめに先生が注意したことで余計にプレッシャーとなったのでしょう。どうやら普段は2位だった男の子は、パンッと鳴った瞬間、他の子よりも出遅れてしまいました。うちの娘が2位に躍り出て走っています。

「このまま2位で行ってほしい……」

僕の親心も興奮しています（笑）。

「2位でも上等じゃないか。このまま行ってくれーー」

そんなことを思いながら子どもたちの走る姿を見ていると、1位の男の子がゴール手前5メートルあたりで、両手を挙げてガッツポーズしたのです。「よっしゃー！」とでも言いたげに。ところが……。

ジョギングやマラソンなど、走ることに慣れている人ならわかると思いますが、「走る」って手を振らなきゃスピードが落ちてしまうものです。その男の子は、おそらく今までずっと1位だったので今回も1位だと思ったうえで、テンションが上がったままゴール直前に両手を挙げて「おっしゃ〜！」をやったのでしょう。

そのとき奇跡が起きました。うちの娘は男の子の後ろにべったりくっついていましたが、ゴール手前3メートルで彼を抜き、なんと**1位になった**のでした！

ただし僕が心から感動したのは、娘が1位になったことだけではありません。

いちばん凄いと感じたのは、娘はゴールのテープを切ったあともそのまま走り続け、慌てた上級生に捕まえられてからやっと自分が1位になったことを初めて知ったことでした。**あの一生懸命さ、真っ直ぐさは何だったのか**？

自分の勝利を確信して、ゴール手前5メートルで両手を挙げて「おっしゃ〜！」とやってしまった男の子と、ゴールテープを切ってもそれに気づかず走り抜けたうちの娘の違いって何かと言うなら、運動能力の違いではないと思うのです。

「**思いの強さの力**」

この一言に尽きるでしょう。

私たちが夢を叶えるときも、目標を達成するときも、1日3分から5分でもいいので、その夢のことをずっと思い続けた時間があったかどうかを確認してみてください。それを叶えていく人たちの違いをもう一度書いておきます。

「**思いを馳せる時間の差だけです**」

成功を引き寄せるかどうかも、結局はその差だけだと思います。

「お金がない」と言っている人ほど お金を出したがる

これまで6万人以上の方たちに運のアドバイスをさせていただいてきてわかったのは、決まって相談内容の上位にくるのが「**お金にまつわること**」だということです。企業経営者の売上相談から個人のお客様の「どうすればお金持ちになれるのか？」といった類のものまで様々です。

もちろん、なかには言われもない事情から借金を抱えてしまった方もいましたが、ほとんどは先ほどの「夢や目標」のときと同じく、お金に対しての意識が低いことが原因となっていました。つまり、**自らお金がなくなるような考え方や使い方をしている人が多い**のです。

お金を払う（出す）ことは簡単です。例えば「開運グッズ」を買って持っていれば本当にお金が入ってくると信じている人は、置物を買ったり、財布を買ったり、運が開けると言われているモノを揃えることにお金を使います。そこに力を注ぐ人は、いつもお金が出ていくばかりのことが多いでしょう。

お金がないと言いながら、お金を使う生活を好んでいます。

ところが、本当に豊かな人生の強運者になると、お金を出すことで運勢を変えていこうとは思わず、自らの「習慣」を変えていくことが絶対に重要だと気づいています。だからこそ生き方や暮らしのなかに「手間」をかけます。ひと手間、ふた手間も工夫を凝らしながら、**時間とお金を有効に使う**。そうすることで自分の「運」そのものが強くなっていくことを知っているのです。

逆に「運」が弱い人は、いちばん手っ取り早くて楽なことばかりを選択します。何にせよ最短コースを選ぶので、お金も浪費が多いのです。

知っておいていただきたいのは、「**習慣を変える**」ということです。それを積み重ねていくイメージを描いてみてください。

そうやって人生の流れそのものを習慣から見直すことで、考え方や行動力も変化していきます。それらが変化することで言葉づかいも変わりますし、後ほどふれますが「**出会い＝人のご縁**」も大きく変わっていくでしょう。

「お金がない」と言っている人ほどお金を使いたがる

強運者は習慣を変える

「開運習慣」を続けると起こること

自分が思った通りの〝人間〟になるためには習慣が大切だ、と知った僕は、師匠や先生から教えてもらった様々な習慣を日常生活に取り入れました。数でいうなら100以上もの習慣がありましたが、当然全部が全部、毎日実践できるものではありません。そのなかの最低限6つのことを3か月続け、半年続け、そして1年と続けていきました。後ほど詳しくふれていきます。

最初の頃は続けることで何が変わるのかわかりませんでした。

「いったい何が変わるの?」

師匠に聞いても答えてくれません。自分でも運気の流れが変わったのかどうかわかりませんでしたが、前よりも自分に対して自信が出てきたことは感じられました。

自分が「こうする！」と決めた習慣を続けていくことは、自分との約束を守ること。約束が守れたという自信によって、**自己肯定感が上がっていく**のは確かです。

例えば、自分でやると決めたことを続けていくことで、脳は「**昨日も約束を守れたね。今日も約束を守っているね**」と認識します。そういう認知が心にも影響して自己肯定感が上がります。ところが、決めたことができなかったとき「あ〜ぁ」となると、結局は「約束を破っちゃったなぁ」と脳は自分を責めてしまうのです。

脳には人称感覚が乏しく、相手に言おうが自分に言おうが、自分のこと（1人称）として受け止めてしまうようです。なので、誰かに対してネガティブな言葉を口にすると、自分のこととして受け止めてしまう性質を持っています。

「アイツってダメなやつだな」と言ってしまうと、脳は自分が言われた言葉のように受け止めます。すると自分の自己肯定感が下がってしまうのです。

小さなことでもかまわないので、やると決めたことをやり続けると自己肯定感は上がっていくでしょう。自己肯定感が上がっていくと「運」も良くなったと思えるようになります。

ただ「ついてる、ついてる」と運が良くなるような言葉だけを唱えていても根拠が存在しませんよね。どうして「ついてる」のかがわからない。ところが、「俺は掃除をやり続けているもんね」とか「私は明るい服を着ています」「毎日ちゃんと靴を磨いています」などの根拠が生じると脳は肯定的に理解するようになります。

人間は「運が良い」と思えるその根拠を欲しがります。だからこそ、どうして自分は運がいいのか……と思ったときに、それを「占い」などに求めてしまうことが多いのです。何年何月何日に生まれたからああだとか、どんな星回りで生まれたからこうだ、とか。

それよりも毎日習慣を継続している人たちは、自分が続けている実感が根底に存在しているので、占いや開運グッズにお金をかけるのではなく**習慣を変えること**の重要性を知っているのです。

自分が決めた通りの「人間」になることを前提とした実践（習慣）について、要は「**なる前になる自分**」であればいいのです。

これはどういうことかと言うと、あなたが今生きている現実は、偶然にそうなったのではなく、「**なる前からなっている仕組み**」のうえに成り立っています。自分がどうなりたいのかをイメージして、そして、そうなっていくように日常を過ごす。ただ、それだけです。

ところが、大半の方は、なりたいイメージを意識しないで生きています。つまり、「私はこうなりたい」と口にしていることと、実際の行動がかけ離れていれば、現実はなりたい自分とは違う自分になってしまうのは当たり前でしょう。

師匠から教えられた具体的な習慣を実践したうえで僕の体験からつむぎ出した、**決めた通りの幸せになるための**「**6つの習慣**」があります。わかりやすくて、誰もが実践しやすいので、とにかく最低でも3か月は続けてみてください。必ず効果があります。

その「6つの習慣」とは、次のような内容です。

◎第1の習慣　明るい色の服を着る

離婚の相談、彼氏ができない、不妊、婦人科系の病気の人たちは、圧倒的に「黒色」の服を着ていました。その人たちに「自分が幸せなとき、どんな恰好をしていますか？」それは今着ている服の色ですか？」と聞いたとき、全員が「NO‼」と答えました。「では、幸せなときは、どんな服を着ていますか？」と聞くとみんなが明るい色を挙げます。つまり、今その状況にあるからその色の服を着ているんじゃなくて、そうなる前からその恰好をしていることで見合った現実が起こるのです。

◎第2の習慣　夜はお風呂につかり、朝は窓を開ける

お風呂につかる習慣がある人は、血色や色合いなど、良い人相を持っている人が多いです。

私たちには「気」というものがあります。それは「オーラ」とも呼ばれていますが、日本語の中にも「気を使う」「気に入る」「気合いを入れる」など、〝気〟という文字は、とても本質的な意味合いを持っているのです。

お風呂で体を温めることで「気」が体内を巡りやすくなり、寝ている間にマイナスなエネルギーは体から出ていき寝室に充満します。誰かが寝ていた寝室に入るとむっとした感じを味わうことってありますよね？　それです。

だからこそ、朝起きたときは部屋の窓を全開にして空気を入れ替えてほしいのです。そうすることによって新鮮な空気と共に新しい1日の「気」が巡ります。

◎第3の習慣　「運」「動」をする

運動というのは、文字通り「運」を「動かす」ためにするものです。汗をかくのは「気抜き」とも言って、とても大事なのです。

僕の経験から言うなら、大事なポイントは朝7時から9時の間に運動することです。なぜなら、昔の中国や日本で用いられた十二《じゅうに》時辰《じしん》（1日24時間を十二支に当てはめて2時間ごとに区切る）による時間の数え方で、「辰」の時間帯にあたります。これは「**龍が巡る時間**」とも言われ、植物に朝、日の光が当たり、いっせいに呼吸を始める時間帯なのです。つまり、1日のうちで最も新鮮な「気」が充満している時間帯のことです。

　この時間帯に体を動かすことで体内の「気」が巡っていくわけです。

◎第4の習慣　挨拶をする

　熟年離婚の相談に来る人たちが最初に言うのが「会話がなくなった」という言葉です。しかし、うちの師匠は、その人たちに対して「会話じゃないよ。あなたたちは、いちばん最初に〝挨拶〟を失ったんよ。挨拶を失った時点で必ず人間関係は崩壊する」と伝えます。円滑な縁を保つためにも最初のスタートが挨拶ですし、挨拶は人間関係の基礎なのです。

おはよう
おはよう
挨拶

明るい色の服

トイレ掃除

お風呂につかる

窓を開ける
カラカラカラ

南無阿弥陀仏
お墓参り

運動

挨拶を「返してくれる」とか「返してくれない」は関係ありません。挨拶は絶対に重要です。誰と会ったときも挨拶はしてください。

◎第5の習慣　トイレ掃除をする

まだサラリーマンだった時代、先生から「将来どうなりたい？」と聞かれました。僕はすかさず「将来は起業して自分の店を持って、お金持ちになりたい」と答えました。すると先生が笑いながらこう言いました。

「それなら3年間、毎日トイレ掃除をしなさい。そして3年後にあなたがお店を持っていなかったら、私がお店を建ててあげるから」

その言葉を鵜《う》呑《の》みにして、それからしっかりと3年間、かなり気合いを入れてトイレ掃除ばかりをしている時期がありました。

話のいわれはこうでした。新しい建物ができたら、そこには「7人の神様」がやってくるそうなのです。7人の神様それぞれがやってきて、神様が来るごとに手に持っている荷物（幸福）が大きくなる。つまり、手ぶらの神様がいちばん最初にやってくるわけです。

リビング、寝室、台所……最後に残るのがトイレなのですが、そこにやってくる神様は大量の幸福を持っているので、その神様を味方につけられる人間は絶対に成功する、という話です。だからトイレを掃除しなさい、と。

20代でその話を聞いた僕自身が実践してどうだったか？　すべては今の幸せにつながっています。

◎第6の習慣　お墓参りをする

お墓参りの大切さは、後章でたっぷりお話しさせていただきます。ぜひ実感してみてください。僕の先生たちは口を揃えてこう言っていました。

「先祖供養なくして、生きている人間の幸せはない」

この6つ目がいちばん重要です。

「出会いが4割」の大切さを知る

第1章のなかで、しっかり知っておいてほしいことがあります。

それは、「**私たちの運勢の3割は出生場所や生年月日である程度決まっている**」ということ。これは自分の力ではどうしても変えられない「**宿命**」です。ところが、それが人生のすべてを決めるわけではなく、**たったの3割程度**なのです。

では**残りの7割**は何なのか？

生まれてきてから私たちが**どんな人生を過ごしたかが、もう3割**。

これは環境によるもの……どんな親に育てられながら、どんな家庭環境のなかで育ったのかということ。幼少期を過ぎて、いろいろなことが自分で選択できるようになってからは、どんな方法（やり方）で、どうやって生きるか。自分に責任がかかってきます。言ってしまえば、それが20年も30年も40年も積み重なっていくのが人生です。環境のせいではありません。それは第3章でふれる「**自業自徳**」（P152）の考え方にもつながります。

そして**残りの4割**は何なのか？　何だと思いますか？

それは**誰と出会うかなのです**。これが最も大きな割合です。

例えば、「大きな変化が生じたとき＝大きな転換期」……良い流れのときもあれば、悪い流れのときもあります。よく質問しますが、「例えば最近、良かった流れのときを覚えていますか？」と聞くと、みなさん覚えている、と言うのです。

覚えているときだからこそ、「あえてよく思い出してください」って言います。

そのとき、**自分はどんな人とつながっていたのか**。しょっちゅう会っていた人、助言をくれた人、気づけば新しいご縁もたくさんいただいていたはずです。

最近、大きな節目や変化があって、それが怒涛の流れのように動いているときって、会っている人が変わっているはずですよ、と。

僕も体験しました。ある出来事（後章で書いています）があって心境に大きな変化が生じたとき、一気に流れが変わりました。何がいちばん変わったのかと言うと、それはズバリ**人間関係**です。堰《せ》き止めていた水が一気に流れていくように、それまでご縁がなかった人たちとの「縁《えにし》」が広がっていきました。

〝ナニワのメンター「ナニメン」〟こと吉井雅之さん。日本一の講演家・香取貴信さん。天才コピーライターでありベストセラー作家のひすいこたろうさん。作家であり講師業でも大人気の香葉村真由美さん。YouTubeの世界でも絶大な人気を誇る櫻庭露樹さん……挙げればキリがありません。

こうやって「出会う」という流れにたどり着けたのはなぜかというと、この出会っている人たちも、出会いの大切さ、ご縁の大切さ、人生に大きな影響を及ぼすことに、おそらく気づいている人たちばかりだと思うのです。

ある程度、そこにたどり着いた人たちだからこそ、「**出会い合うという現象**」が起こるとも言えるでしょう。

だからよく運気を変えたいとか、流れを変えたいと言ったときに、では何をいちばん変えたら「変わった！」と思えるのかというのは、やはり出会っている人たち、接している人たちが変わることが最も気づけることなんですよね。

人生は出会いが4割。忘れないでください。

運勢の上昇運気に乗れないいちばんの理由

習慣を続けているけれど、一向に人生が変わらない……という人がいます。これまでそのような相談もたくさん聞いてきましたが、ほとんどの人たちに言うのは、「**あなたの運が悪いのではなくて、あなたは自分のことを信じてもいないし、愛してもいない、ってことに気づいてください**」ということです。恋愛とか婚期のタイミングで「チャンスが来たよ」と伝えるものの「全然、彼氏ができませんでした。いいタイミングなんでしょうけど……私には恋愛運がないんですね」……すぐにそう言う人がほとんどです。

習慣を変えても人生が変わっていかないと言う人たちも、良い運勢の波がやってきたにもかかわらず乗れないって人たちも、何が共通しているのかというと、この人たちは**自分のことを「愛していない」という事実**です。

本当に運のいい人は、外側の情報などには何も左右されません。なぜって**自分のことを信じ、自分のことを愛しているから**、です。そして同じような気持ちで周りの人たちのことも愛して信じています。

だからこそ知っておいてほしいことは、いつも自分に対する期待しかないってことです。人に対して過剰な期待などしません。人に対して期待している人はいつも「裏切られた」って言うんですよ。

「いや、裏切られているんじゃないよ」って僕は言います。そんな思いを抱いているあなたは、自分に対しても期待できてないから、自分に対する期待を忘れているから、人に対して期待しているだけ。自分に対する信頼もないし、自分に対する愛もないことがほとんどです。

では、愛とは何なのか？

第1章のまとめ

- 「占い」とは予言ではなく天気予報のような〝予測〟のこと
- 人間は思いの強さによって夢や目標の実現化が変わってくる
- 「想いを馳せる時間」を大切にすること
- 「お金」に対する意識が低い人はお金を使うことで満足してしまう
- 人生の強運者は「習慣を変える」ことの重要性を知っている
- 小さな約束を満たすことで自己肯定感も上がっていく
- まずは「6つの習慣」を実践してみる
- 人との出会いやご縁が人生の4割をつくっている
- 「自分のことを信じ、愛すること」が上昇運気に乗る条件

占いをやってわかったこと

第2章

「愛」の意味を知るということ

この章でみなさんに知っていただきたいのは
いかにして自分のことを「愛するか」ということ。
自分が自分を好きになって愛することが
どれくらい大事で開運につながるのか
そして「愛」の意味そのものを知ることこそ
他者との関係性を築くうえでも必要なのです。

「自分に点数をつけるなら何点？」と師匠は言った

今から遡ること20年近く前、私は福岡から上京し、商社で働くサラリーマン生活をしていました。

「一旗あげてやる！」

と周りには意気込んでいたものの、実際は連日続くパワハラにおののきながら、やってもやっても終わりの見えない仕事に追い込まれる毎日です。

おまけに当時、付き合っていた彼女からは「昔は輝いていたのにね！」の言葉を最後にフラれ、身も心もボロボロになって意気消沈していました。

そんな日々のなか……いつも通り仕事を終えて帰る途中の道で、大きなショーウインドウに映った自分と目が合いました。

彼女が言った通り、まだ20代前半なのにもかかわらず、くたびれ果てた顔に曲がった背筋、輝きを失った目……。そんな自分を見つめても悲しむ気力も流れる涙もなくて……。ただ、そのときに自分の頭によぎったのは、

「こんな人生なら、もう終わらせたほうが良いんじゃないか？」

という気持ちでした。

そんなことを思いながら、その場で立ちすくんでいると、見知らぬお婆さんがトコトコ歩いてきて私に向かって言いました。

「**あなたは自分に点数をつけるなら何点？**」

実は、それこそがいちばん最初に師匠から聞かされた言葉なのでした。

私の作家としての処女作『50000人を占ってわかった　99%の人生を決める1%の運の開き方』の冒頭では、

「あなたは、いつか占いをすることになるよ」

そう言われたのが師匠との出会いのはじまりと書きましたが、本当はその前に、「何点？」と聞かれたことが最初のきっかけだったのです。

不意な問いかけに驚きましたが、とっさに口から出てきた言葉は、

「えっ？　30点……くらいなんじゃないですかね」

それも落ち込んだような表情だったに違いありません。

話しかけてきたお婆さんは、まじまじと私の顔を見つめながら続けました。

「あなたのことを愛している人はいるの？」

何を言っているんだ？　この人は？

「そりゃ、いますよ！　母や兄弟、それに友達とか……」

「そう……」

そのとき、少し冷静になって、

「なんだ、この婆さんは？　いったい何が言いたいんだ？」

そんなことを思いましたが、年寄りをふりきる力すら今の自分にはないんだな……と思うと、また悲しくなりました。

「**そう……じゃ、あんたのお母さんは小汚いおばさんなんだろうね**？　**兄弟も友達もみんなバカみたいなやつばかりってことか**？」

目の前のお婆さんが何を言っているのか？　しばらく理解ができませんでした。

ただ、東京での毎日に嫌気がさして、疲れ果てて、生きる気力すら失っていた自分の内側から……あふれるような怒りの感情が込み上げてきました。

「なんで、あんたに言われなきゃならないんだ！」

「あら！　どうして、あなたが怒るの？　自分の点数が30点の子どもを産むのは30点の親よ！　30点の子どもが何人子どもを産んでも30点なの！　親も兄弟もみんなそんなもんってことでしょ！」

お婆さんの話は続きます。

「ちなみに、30点の人が何人友達をつくっても、みんな30点よ！　これは『類は友を呼ぶ』ってやつね。

もうひとつ付け加えるなら、結婚するときも同じ点数の人を選ぶのよ。これは『類は友と運命の人を引き寄せる』ってこと！

私があなたの大切な人たちをバカにしたんじゃないよ！　あなたが言っているこ

とよ。私の前で自分のことを〝30点〟って言ったあなたを見て親御さんはどう思う？ おぼえておきなさい！

このままいけば、あなたはいつか必ず、自分の愛する人たちを傷つける日がやってくるよ」

衝撃的すぎて、その場で動けなくなっている自分がいました。

今にも噴火しそうな怒りはどこかへ消えてしまい、あまりにも自分が惨めで情けなくて、東京に来てずっと我慢していた感情があふれ、とたんにボロボロと涙が止まらなくなりました。

「あなたが生きてきて、今までずっとあなたのことを愛してくれた人は誰？ 今もあなたのことを思って胸を痛めて、あなたのためなら、たとえ傷ついても代償を求めない人は誰？」

「母です」

頭で考えて出てきた言葉ではありません。自然と口から出てきた言葉でした。

「そうなら……今度はあなたから見たお母さんに点数をつけてみて！」

「１００点ですよ！　いや、１０００点です！」

ニコッと笑いながらお婆さんは笑顔でこう言いました。

「何かが足りないから、何かができないから１００点になれないんじゃないのよ。
あなたは１００点の自分に気づいていないだけ！
１００点だと思うお母さんから生まれてきて、１００点だと思う兄弟に囲まれているのね。友達だって、きっとみんな１００点よ！

自分自身につけた点数の
人を引き寄せる!!
（類は友を呼ぶ！）
30点
60点
100点
100点の
自分で
いよう！

「好き」と「愛」の違いについて

今から20年近く前のお話です。これが自分の師匠との最初の出会いでした。その体験は、私が運のアドバイスをしていくうえで絶対的な基礎になっています。

18年間、現場に立ってたくさんの方に運のアドバイスをしてきました。相談内容も人それぞれです。つらすぎて私まで胸が熱くなったこともあります。あまりにも身勝手な内容に、怒りが込み上げてきたことも……。

「あなたは何点?」とお婆さん=師匠に聞かれた内容を、もう少し詳しくお伝えするために、**「好き」と「愛」の違いについて**お話しする必要があると思います。

今まで恋愛やお金のことなど、たくさんのアドバイスをしてきましたが、いちばん多かったのは離婚の相談です。この18年間で離婚の相談者だけでも７０００人を超えています。

今の日本では３人に１人が離婚する時代ですから多いのも頷けます。

離婚の相談ひとつとっても、いろいろな理由はありますが、離婚の相談を聞いてきて、あるとき気づいたことがありました。

「あんなに好きで愛していたのに、今では何の感情も湧いてきません」

この言葉を相談者からたくさん聞くようになったとき、ある疑問が湧いてきたのでした。

「あの……『好き』と『愛』の違いって何か知っていましたか」

「はい？」

そう聞くと、ほとんどのみなさんの目が点になります。

ちなみに18年間で７０００人以上の離婚の相談者にこの質問をして、答えられた人は何人いたと思いますか？

なんと！　0人でした。

今の日本の人たちは「好き」と「愛」の違いについて、ほとんど知らずに生きているということでしょうか？　答えはNOです。言葉で説明できないけれど、ちゃんと理解はしています。

それがわかる簡単な質問をしましょう。

お子様がいる方限定の質問になってしまいますが。

「**旦那様、もしくは奥様のことを愛していますか**？」

少し考えた人もいるでしょうし、「いや、愛してないかも！」と考えた人、今も考えている人だっているかもしれません。

ではもう一度、聞きますね。

「お子さんのことは愛していますか？」

先ほどの質問に比べると、すぐに答えが出た人がたくさんいると思います。

なぜでしょうか？　なぜ、答え方に違いが生じたのでしょうか？

話を戻して……。

そもそも、どうして「好きと愛の違い」に答える必要があるのか？　と考えた人がいるかもしれません。ただ好きな人と恋愛するぶんに関しては、そのようなことを問われたりしませんが、結婚となると話は違いますよね。

「この人を愛することを誓いますか？」

そうです。結婚では「好きでいること」を誓いません。「愛すること」を誓うわけです。

もうおわかりでしょう。

結婚していくほとんどの人が、その意味がわからないまま結婚していき、気持ちが合わないからとすぐに離婚していくのです。

恋愛においても同じようなことが言えます。

離婚相談の次に多かったのが恋愛相談です。

私は未来を言い当てるなんて占いをしません。**「運気」とはバイオリズム**です。

そのバイオリズムを統計学で割り出す方法は古くから存在しています。

いつ誰と付き合うかなんてことは言えませんが、「このくらいの時期から積極的に行動すれば恋愛するチャンスがありますよ」とアドバイスをするだけです。

もちろん、そのバイオリズムを知って恋人ができる人もいますが、できない人もいます。できなかった人が私のところにやってきて、いきなり文句を言い出すなんてことも昔は頻繁《ひんぱん》にありました。

「あなたがいついつから動き出せば恋人ができると言ったから、勇気を出してたくさん行動した。けれど結局、恋人はできませんでした！　自分には恋愛運なんてまったくないんでしょうね？」

こんな方たちが来るたびに、

「いえ！　あなたには恋愛運がないのではありません！　今回のタイミングで恋人ができなかった理由を知りたいですか？」

「はい！　知りたいです！」

「本当に？　怒ったりしませんか？」

「しつこいです！　いいから教えてください」

と言われたら机に置いてある大きな鏡を本人に見せるわけです。

「**ズバリ！　これです！！**」

このときに鏡を向けられた本人はどんなリアクションをするか？

「はっ？」

と怪訝《けげん》そうな顔をしながら鏡を手で隠します。

「なんですか？　わかってますよ！　自分の顔でしょ？」

「はい！　そうです！　今回の恋愛のチャンスを逃した原因です！」

言っても怒らないって言ったのに、大体の人が怒り出します（笑）。

別に僕は意地悪でも馬鹿にしているわけでもありません。

今のうちに知っておかないと、この先どれだけの運勢の上昇期が来ても、チャンスを逃し続けてしまう可能性があるので伝えるのです。


「あなたは自分の顔を見て可愛いと思いますか？　それともキレイですか？」

「いいえ！」

「あなたは自分のことが好きですか？　愛してますか？」

「いいえ！　むしろ自分の顔は昔からコンプレックスがあって嫌いです」

「では！　あなたは鏡に映る自分に何点つけますか？」

「30点くらい……じゃないんですかね?」

「?」って僕に聞かれても困るんですが「では、今までの人生で自分自身をつくってきたのは誰ですか?」

みなさんも一緒に考えてみてください。30年生きてきたなら30年、50年生きてきたなら50年!

その年月をかけて自分自身をつくったのは誰なのか?

ここはみなさん間違えることなく答えます。それは!

「自分に決まってるじゃないですか!」

はい！　そうです。では言い方を変えましょう。

あなたはパティシエです！

今、50年経って、そのケーキを自分で食べてみて……美味しくない！

点数をつけてみて「30点！」と言っているパティシエが、

「なんでうちのケーキは売れないんでしょうか？」

おわかりですか？　そんなパティシエと同じなのが、僕のところに恋人ができないと相談に来る人たちなんです。

あなたには運がないのではなくて、**自分に自信がないんです**。

運の上昇期や停滞期は誰にでも来ます。そう考えると運勢は人に平等です。

それでも長い年月のなかで、人にはどうしても差が生まれてきます。

幸せな家庭を手にする人、お金持ちの人、なんで運勢は平等に巡って来るのに差が出てしまうのか？　なぜなら自信のない人は上昇期にやって来るチャンスを逃してしまうからです。そう伝えるとみなさん無言になります。

恋愛の相談者には、ここでまた別の質問をします。

「あなたはこの先の人生でたくさんの人にモテたいですか？　それとも死ぬまで1人の人に愛されたい？」

大半の人が後者を選びます。ケーキ屋さんの例えで言うなら、たくさんの人にモテなきゃお店は繁盛しませんが、恋愛ならば、1人の人に愛されるならそれで良いと思います。なぜ、あなたが30点なのか？　その理由は……、

周りの人と比べるからです。

誰かと比べて顔が可愛いとか、顔が小さいとか、目が大きいとか、比べ出したらキリがありません。

相談者がアイドルにでもなりたいならモテるほうがいいかもしれませんが、１人を愛し、愛される人生を選ぶなら、まずは比べない強さを持ってください、と伝えます。

だって周りの人からどれだけ顔や格好を馬鹿にされてもたった１人だけ、その人が「自分が愛してるから気にするな」と言われれば、それまでの話だからです。

ただ、ここでもうひとつ言うとすれば、本当にモテたいなら「**自分は１人の人に愛されているからそれでいい**」って割り切って生きている人が、実はモテる人生を歩んでいます。

「確かにそうですけど……そんなことを言われても……」
と相談者は考え込みます。
そんなことを言われても……って、自分には自信がないですか？
いえ！　違います！

あなたには自信がないのではなく、実は、やる気がないんですよ。
はっきりと伝えておきますね！

自信がない＝やる気がない

これが答えの真理です！

相手を受け入れる覚悟

では、自信とは、どうやったら持てるようになるでしょうか？

いろいろありますが、基本的には自分の前に障害や困難と言われるような壁が出て来たときです。その壁を前にして越えると決めた人が、その壁を越えたときに初めて手にするのが「**自信**」というやつです。

しかし、ほとんどの人は、その壁を前にすると「自分には壁を越えるだけの自信がない」とあきらめるわけです。その壁を越えていかないと自信というものが手に入らないのにもかかわらず……。

壁を越える自信がない人は、初めから「やる気がない」だけ。
何度もその壁を前にしては「自信がない」を理由にして逃げる。
「今の自分」に「自信がない」と言っているわけです。

みなさんの前に何かの壁が出て来たときは、「自分には自信がないのでやってみます！」と言うほうがチャレンジする理由になると思います。

運はリスクを背負おうとしない人に味方することはありません。自分の持っている以上の力を出そうとするときに、初めて運は味方するのです。

そして、そのチャレンジの先に自信というものを手にしていきます。

長い経験を積んでいくなかで感じたことのひとつです。

壁に挑戦しなくても自信を手にする方法があります。

それが「**好きと愛の違い**」を知ることです。

好きとは？

愛とは？

まったく別のものです。

愛と聞かれたとき、配偶者のことを思って考えると、答えを出すときに少し時間がかかったかもしれません。ところが子どものことを聞かれたときに「**愛してる**」と即答できたのは、なぜなのか？

まずは「好き」から考えてみましょう。わかりやすいたとえをします。

みなさんの好きな食べ物はなんでしょうか？　たくさんあるでしょうが一品だけ

思い浮かべてください。僕ならカレーですね！（笑）
では、その大好きな一品を今日から「1日3食！　毎日それ以外の物は食べることができない」と言われたら？　大好きとはいえ、ずっと食べ続けることができるでしょうか？　いかに好きでも僕は無理です。
いくら好きでも同じものをずっと食べ続ければ、いずれは飽きてしまうからです。

これを結婚生活に例えるとしましょう。

大好きだからカレー子さんと結婚します。朝も昼も夜も！　何年も毎日食べる！

そうなってくるとだんだんと飽きがきて、出来心という悪魔が耳元で囁き始める。

「カレー子なんて、そろそろ飽きたろ？　その辺見てみりゃ、ラーメン子もいるし、カツ丼子もいるぞ！　ちょっと食べるくらいわかりゃしねーよ？」

誘惑に負けてラーメン子を食べているところに、間が悪くカレー子さんに見つかる!!　それを目撃したカレー子さんは涙ながらに僕にこう言うのです!!

「**あたしのこと！　好きって言ったよね**？」

はい！　そうです。これを夫婦生活で例えるなら浮気と言います。

好きだけではいつか飽きて他の物に手を出す。好きから恋愛は始まりますが、結婚するときは「愛」を誓います。そのことを知っておかなければ2人の結婚生活は成り立ちません。

では愛とはなんなのか？　師匠からの言葉で私はこう教わりました。

「**人の心はどこにあると思う**？」

頭？

「そうね。お金のことや仕事のことを考えるとき、人は頭が痛いけど、愛する人や大切な人を思うときはどこを痛める？」

胸？

「そう！（胸を指しながら）人の心はそこにあるのよ。人は頭で考えて、大切な人を

どんな心でもただ受け入れる
心を受けると書いて愛

心で思うのよ。愛という字の真ん中には〝心〟がある。真心ってそういうことよ。そして愛という漢字から〝心〟を取ったら？」

「〝受〟って漢字になる」

「〝心を受け入れる〟と書いて〝愛〟という字になるのよ」

「ちょっとよくわかりません」

「人にはそれぞれ心がある。誰かを愛するときに相手の心を受け入れる覚悟をしなくてはいけない。自分の心があるとこ

ろに、もうひとつの〝心〟を受け入れようとすると、必ず痛みが伴うからよ。だから愛とは自分が傷ついても、その代償を求めないことよ」

ここまで説明されて少しだけ理解できた気がしました。

「自信がない」のは「やる気がない」から

まだ理解できない人にわかりやすい例を出します。
この話は高校生たちの前で「愛」の話をするときに必ず話す内容です。

◎出会って3か月で告白している人

◎3年間ずっと片思いの人

どちらが相手を愛している人だと思いますか？

高校生にこの質問をすると、9割近い子が3年間の片思いのほうだと言います。

答えは……出会って3か月で告白している人です。

そう言うと、生徒たちみんなが最初は「えっ？ なんで？」って顔をします。

時々、3年間の片思いを「私って一途でしょ！」ってアピールで自慢げに話す人がいますが、そんな人をうちの師匠は、

「あなた、恥ずかしいから、それ他の人に言っちゃダメよ！ 3年でも！ 5年でも！ 10年でも……ずっと見ているだけなんて……。だからあなたは婚期というチャンスを逃したのよ」

と言います。なぜでしょうか？

「なぜ片思いの人は3年間も自分の気持ちを相手に伝えなかったのでしょうか？」

高校生に聞くと真っ先に出てくる答えが次の一言です。

「自信がないから」

先ほども言いましたが、念のためもう一度言っておきましょう。

「自信がない」は、イコール「やる気がない」

本当の理由は、相手に自分の気持ちを伝えて断られたら自分が傷つくから、です。
つまりそれは、相手のために傷つく覚悟はないってことです。
フった人も気分が良いことはないですが、傷つくほどではありません。
出会って3か月でも自分の気持ちを伝えた人は、たとえフラれても相手に代償を求めたりするでしょうか?

「あなたにフラれたので傷つきました。だからコーヒー1杯でも良いので奢《おご》ってもらえますか？」

なんて言うでしょうか？　そんな人は僕が知る限り……僕以外いません（笑）。

1回目に告白したけどダメだったので、もう1回デートして、2回目の告白をするための口実でコーヒーを奢ってもらい、2回目でOKをもらって、その人と結婚までできたので、まぁ良しとします（僕の体験です）。

稀《まれ》にそんな人もいますが（笑）、愛とは傷ついても相手に代償を求めないことです。

こんなことを他人同士で誓うのですから簡単なことではありません。

離婚していくたくさんの人を見てきましたが、おかしな人たちだなんて思ったこともありません。

ただ「好きと愛の違い」を知ることで20年、30年、40年と連れ添っているご夫婦を見るたびに、もしかしたらこの方たちが異常なのかもしれないと思いながらも、いつしか自分もそんな異常な人になりたいと思い、妻との日々を過ごしております。

「好きと愛の違い」はわかってきました。

ただ、それを理解したことで自分に自信は出てきたでしょうか？

いいえ、まだだと思います。

その昔、同じように師匠から自分が言われたことを言います。

「今まで生きてきた10年なのか？　20年なのか？　その間ずっと変わることなくあなたを愛してくれた人は誰ですか？」

「今もあなたのことを思って胸を痛め続ける人は誰でしょうか？」

「あなたのためならば、たとえ傷ついても代償を求めない人は誰でしょうか？」

この約20年間、高校での講演をやってきて10代の子たちが言った答えのなかで、いちばん多かった答えは、今も昔もずっと変わりません。

それは「親」です。

「親」だと答えた子どもたちに僕は訊ねます。

「本当に？　じゃあ聞くよ。お父さんとお母さんは愛の意味を知っているかな？」

子どもたちは戸惑います。

「君たちのお父さんお母さんは愛の意味を知っているよ！」

「例えば、そこの君！　君が病気になったとしよう。病院の先生は親に対してこう言います。『残念ですが、お宅のお子さんを助けることはできません』。きっとご両親は病院の先生の足にしがみついて泣きながら、『どうかお願いします！』『助けてください！』と懇願するでしょう。でも助かりません。

そんなときです！　もし……もしも神様なんて人が出てきてお父さんとお母さんにこう言います。『よしわかった！　あなたの子どもを助けよう。その代わり、どちらか1人で良いので両目を差し出しなさい。明日から目は見えなくなるけど子どもの命は助けよう』」

荒唐《こうとう》無稽《むけい》のような話ですが、子どもたちは真剣に聞いてくれます。

自分が子どもの立場で考えたときに自分の親ならなんて言うだろう？

自分の子どもが、もしそんな状況であるなら自分はなんと言うだろう？

みなさんもどちらの立場でも良いのでお考えください。

僕の息子は心臓の手術をしました。

彼には生まれたときから心臓に重度の障害があり、まだ2歳にもかかわらず、2度目の手術となりました。

手術の説明を聞いたときのことはあまり思い出せませんが、主治医の先生から、

「息子さんの体から一度、心臓を取り出します。心臓の手術をした後にもう一度、心臓を戻して心肺蘇生で……」

「えっ？　心臓を取ったら、うちの子が死んじゃいますよ」

主治医の先生につかみかかった僕に「やめて！」と妻が泣きながら止めたことをぼんやり覚えています。

幾度となく人に愛の話をしてきたので、自分でもわかっているつもりでした。神様なんて信じていませんでしたが、10時間近くかかった手術の間、手を合わせながら神に願った言葉ははっきりと覚えています。

「**神様聞こえますか？ どこかにいるなら聞いてください！ 自分のことは殺してくれてもいいので、どうか息子だけは連れて行かないでください**」

何時間も願い続け、オペ室から出てきたチューブだらけの息子を見たとき、気づきました。僕の母も祖父母も同じような思いで僕たちを育ててきたんだと。だからこそ、ここにぼくが、そして息子がいることは、当たり前のようで当たり前ではなかったということに……。

先ほどの問いに対してみなさんはなんと答えたでしょうか？

目を差し出せますか？　この子のためなら、足や手が惜しいなんて思ったことはない！　目が欲しければ目を、命が欲しければ命を、どうぞ持っていってください

……と答えた方がいるのではないでしょうか？　なぜって？

10代の子どもたちのほとんどが、

「うちの親なら、きっと差し出すと思います」

と答えるからです。

そして、先ほど言った「旦那様や奥様を、愛してますか？」と聞かれて即答はできなかったけど、「お子さんのことは愛してますか？」の質問には即答できた理由こそが、ここに書いたことだからです。

自分が傷ついても代償を求めたりしない。それが、愛。

何が凄いって！　目を差し出した親は、元気になった子の手をつかんで、

「お母さん、あなたを助けるために目を差し出したの！　だからこの先ずっと私の

手を引っ張って生きていってね」
とお願いするでしょうか？
10代の若者の答えは「親は言わないと思います」と答えます。
そうです！　君たちを愛して、愛されてきた親御さんがそんなことは言いません。
その代わりこう言います。
「私のことなんていいから幸せになるんだよ」
それが愛です。
子どもにはすぐに言えたけど、配偶者の人には即答することができなかった。
当然です！　なぜって？　**「愛を知り学ぶこと」こそが結婚だからです。**
そんな話をしながら、最後に、その昔に師匠から言われた言葉を言います。
「あなたが愛する人に１００点をつけられるなら、あなたも１００点よ」

そこから吹っ切れました。僕はまだまだ未熟者ではありますが、愛を知り、母や先祖がそうしてくれたように自分のことを愛し、「１００点だ！」と言えるようになりました。

「愛してます」を口に出して言うこと

ただ、どうしても自分は１００点だと言えない方もいるかもしれません。

自分は親から愛されてなかったと思われている方や、自分は誰も愛せていないし、愛されてないと感じる方もいると思います。

そんな人のために、この章の最後に裏技をお伝えしようと思います。

「**愚痴や人の文句を言うと運が下がる**」

こんな話を聞いたことがある人は多いと思います。

言霊《ことだま》は返ってくるとか、自分の言葉が人生をつくるとか、いろんな理由がありますが、愚痴や文句を言うことで運が下がる理由としては、脳は自分が口にした言葉を「**自分が言われた言葉と受け止める**」からです。

これは脳科学で昔から言われていることです。

つまり人に「馬鹿」「アホ」「使えねぇ」なんて言葉を使えば、脳はその言葉を自分が言われた言葉だと認識するわけです。

そう考えると人に言ってきた文句は自分が言われてきた文句ということになります。知らず知らずのうちに自分を傷つけ自己肯定感が下がっていく。それが愚痴や文句を言わないほうが良いという本当の理由です。

この法則を知れば、愚痴文句を言うのを止めることはもちろん！

逆に考えれば、「愛してる」この言葉を、朝起きて鏡に映る自分を見ながら言う！

「愛してる」と口に出して言おう

口に出して言った言葉は
自分(脳)に言われた言葉
として認識する

愛している人にちゃんと言葉で伝える！

人に言うのが苦手だと思う方は、愛用品などの物に向かって言うだけでも良いのです。大切なことは口に出して言うことです。

口に出して「愛してる」と言えば、脳はその言葉を言われた言葉だと認識するようになります。

「愛してる」の意味を知って口に出すだけで、本当に思ってなくても、感情が入ってなくても、自分の自己肯定感……つまり運は上がっていきます。

運を上げるためにお金ばかりをかけるのは貧乏人。

本当に運が良くなる人はお金ではなく手間をかけます。

運を上げるのは難しくありません。「愛してる」と言う人はそんなに多くはないと思いますので、明日から口に出してください。これは本当に運が上がっていくんです！

本当に、本当のお話です。

鏡に映るあなたは何点だったでしょうか？

30点でも90点でも何かが足りないのか？　できてないのか？　を理由に自分の点数を下げる必要はありません。足りないのではなく、ほとんどの方が気づいていなかっただけ。もう一度言います。

「30点」と言っている人の周りには、いつも30点の人が集まってきます。

「類は友を呼ぶ」ということです。

「30点」と言っている人は30点の人と結婚します。

これを師匠は「**類は友と運命の人を引き寄せる**」と言います。

30点同士が結婚すれば、その間に生まれてくる子どもたちも30点。そして、その子どもが、いつか何かの壁にぶつかり落ち込むとき、30点の親は30点の子どもに向かって言うのです。

「**しょうがないよ！　あんたは私の子どもなんだから**」

しかし、「好きと愛の違い」を知った今なら、自分を愛してくれた親に、いつも自分を思い胸を痛め、いざというときは自分が傷ついても決して代償を求めたりせず、今も愛してくれている、その親に１００点と言いきれるなら！　どうぞ自信を持って１００点の親から生まれてきた私も１００点だってことに気づいてください。

１００点同士の親から生まれてきた子どもでも、人生の壁に幾度となくぶつかるときがくるでしょう。でも、そんなときに自分の親に聞いてみてください！

自分の子どもに聞かれたときに答えてあげてください！

「お前はなんでもできるよ！　なんでって？　だって私の子だもん」

その言葉を聞いた子どもが、大人でさえも、何度でも立ち上がり、奇跡を起こす様を見てきました。ただそれだけなんです。これこそが自分の運を上げていくうえで絶対に忘れてはならない基礎であり、土台となることです。

長く鑑定をしてきた僕が思うことは、今までに自分のことは嫌い！　愛してもない！　自信もない！　という強運者を見たことがないということです。

金運とか仕事運とか、いろいろな運がありますが、**「運」は生き物です。**

もちろん、お金も生きています。

はっきりと人格と意思を持っているのが「運」と「お金」です。

最近、「私は運に愛されていますし、お金のこともとても愛しています！」と言っている方をよく見ます。

最近の自己啓発の本にもよく書かれていますし、確かに重要なことかもしれませんが、その人たちは本当の愛の意味を知って、言っているのでしょうか？

「お金」と「運」のために、傷ついても代償を求めないのでしょうか？

もし、「自分のことは愛せていないけど、お金と運は愛してます！」なんて言っている人がいたとして、その人たちをお金と運は愛するのでしょうか？

いつの時代も変わらない運の法則は、

強運者は自分のことを愛してます。

そして、その周りにいる人も愛してます。

愛を口に出して伝えてます。


そんな人のことを「運」と「お金」は愛して集まってくるのです。

僕も、そして70年以上も「運の統計」を取り続けてきた師匠や先生も、そんな人たちのことを「強運者」と呼ぶのです。

自分の運を上げるのにお金は1円もかかりませんが、少し手間がかかることを知って、今日からこの言葉を口に出してください。


「**愛してます**」

「凄い」という漢字が教えてくれること

うちの師匠が教えてくれたことで心から頷いたことがあります。

それは師匠独特の解釈でした。

「漢字の〝**凄い**〟という文字。あそこには素晴らしい解釈が隠れているのを知ってる？　あの字をよく見てごらんなさい。〝**妻**〟がね、玄関で両手を広げて（ソ）待っているような形をしているでしょ。家族を抱きしめる習慣を持っている母親の強さ。子どもを産み育てる母親の愛情の深さには誰も勝てないのよ」

人の心は、胸の中心が定位置なのに、ときおりズレてしまうことがあります。そして、ズレてしまった場所を満たそうとする働きを持っています。

例えば、ズレた心が「頭」に行くと、物欲と金欲を満たそうとします。何かにつけて「世の中は金金金――っ！」となって、買っても買っても満たされない感情に苛まれたり。一時的に大金を手にした人がなりがちな現象です。

ズレた心は、人と人が抱きしめ合い、胸と胸を合わせることで元いた位置に戻ろうとします。心がズレる瞬間というのはいろいろあって、例えば、受験生が合格発表で自分の番号を見つけたときは、みんな飛び上がって喜び、思わず隣の人を抱きしめてしまうことがあります。あの瞬間、心は一瞬移動するので、抱きしめ合って心の位置を戻そうとしているからです。

悲しいことがあって、心がストンとどこかにズレてしまったとき。横にいた人がその人を抱きしめてくれることで、その瞬間、心は定位置に戻ろうとします。

要は、ものすごく嬉しいことがあったときや、ものすごく悲しいことがあったとき、とっさに人を抱きしめるのにもちゃんと意味があるのです。

重要なのは、**胸と胸を合わせて抱きしめる習慣を持つこと**です。

だからこそ、「凄い」という字の〝すごさ〟に気づいてください。

「凄」いという漢字は…

「妻」が両手「冫」を広げた姿

第２章のまとめ

- 人は、自分につけた点数に見合った人を選ぶ
- 「好き」と「愛」の違いを知ること
- 自分をつくってきたのは「自分」である
- 「自信がない」とは「やる気がない」こと
- 「愛する」とは相手を受け入れ、傷つく覚悟があるか、ないかのこと
- 「結婚」とは〝愛を知り学ぶ〟こと
- 「愛してます」は口に出して言うことが大事
- 「凄い」という字が表現していることを知ろう

あなたは何点？

とあるパティシエのはなし ケーキを作り続けて50年 作ったケーキの点数が
30点
100点
どっちかしか食べられないなら どっちのケーキを食べてみたい？
100点ですね
…じゃあ 言い方を変えるね
私30点ですって言っている人と 私100点ですと言っている人
どちらの人が選ばれると思う？
…100点です
あなたが100点の人と結婚したいなら 自分を愛して100点になること!!
はい!!
〝類は友をよぶ〟だからね!!

第3章

「先祖供養」の重要性

占いを通じてお客様の人生にふれながら
自分の運命を決めるのは自分なんだという
大切なことにも気づいていきました。
と同時に師匠から学んだ「先祖供養」の教えを
お伝えしているうちに開運する人の多さに驚きました。
お墓参りと先祖供養がどういうものなのか
どうして重要なのかを感じていただくために
エピソードを交えながら書いてみました。

どうして「お墓参り」に行くことが大切なのか

ある年のこと。年間約５００人から離婚相談を受けたことがありました。

その大半がご夫婦のうち奥さんだけが来られ、話を聞いていると、ほとんどの人たちに共通していることがありました。それは、奥さんの場合なら旦那さん方の、旦那さんの場合なら奥さん方の、お墓参りに行く習慣がない……ということです。

実に５００人中95％の人が両家のお墓参りに行っていませんでした。

僕の師匠と先生は、それぞれ長い間、占いをやってきたお婆ちゃんたちでした。

2人をはじめ年配の占い師のみなさんが口を揃えて言っていたのが、

「先祖供養なくして、生きている人間の幸せはない」

ということでした。当時、まだ若かったこともあって、僕にはお墓参りに行くことの真意がわかりませんでした。ただ、亡くなった人の墓石の前で手を合わせることだろう……くらいにしか思っていなかったのです。

師匠たちは口々に「先祖供養は重要に決まっている！」と断言するように言っていました。

日本には古くから大切にしてきた「**暦**」という文化があります。

「暦」とは、年間の月日をはじめ、その日に関わる祝祭や行事、節気のこと、日の出・日の入り、月の満ち欠けや潮の満ち引きなどの詳細をまとめたものです。特に日本は四季がはっきりしているので、先祖供養を行うお盆とお彼岸（春と秋）を「ご先祖様に会える日」として大切に扱ってきました。

ところが、戦後は特に行動や考え方が西洋的になり、例えば、それまで祖父母たちと一緒に暮らすことで根づいていた生活習慣も薄れ、少数単位の核家族化が推進されるようになりました。
祖父母、親、子、孫などの縦のつながりが薄れてくると、ご先祖様とのつながりも薄れてきます。いつの間にか縦の文化と同様、人と人との横のつながりも薄くなりました。当然、感謝の心も消えていきます。

「**〝供養〟という字の意味を知っているか？**」

師匠から聞かれたことがありました。当時の僕には答えられませんでした。

「**〝共〟の字に〝人＝にんべん〟が付くことで、〝人と共に生き、養い成長していく〟という思いがしっかり込められているんだよ。亡くなった人たちの夢や願いを受け継いで、一緒に生きていくことこそが供養の本質なのよ**」

日本以外の国を見てみても、亡くなった人のためにお墓を建て、定期的に供養する習慣の国は、安定している国が多いようです。しかし、先祖を大切に祀っていく習慣のない国は、政情が不安定で、内戦や紛争、経済的な危機に悩まされ続ける国

供養とは「人」と「共」に「養い」成長していくという意味

亡くなっても人の心のなかで生き続ける

がとても多いのも現状です。

ちなみに、僕の周りで活躍する経営者の方々を見てみても、会社がうまく回っていて夫婦や家族とも円満に幸せな人たちは、間違いなくお墓参りと先祖供養をしっかりやっていました。

子孫繁栄と出産も切り離せないことですが、昨今の子どもが生まれない出生数の減少傾向も、あながち関係ないとは言えないと思います。不妊で悩む人の数も200万人以上いると言われています。また、日本の離婚率も50年前に比べて約2倍と増え、未婚の人も増えています。

国自体が、子どもが生まれない環境になってしまっています。

離婚の相談を受けながら、僕は「お墓参りと先祖供養」の大切さを知るようになっていました。と同時に、相談者のみなさんの悩みや苦しみも、それらと大きく関係していく予感がしてきたのでした。

「ツイてる」の本当の意味とは？

では、ご先祖様とは、どういうものなのでしょうか？

1人で勝手に生まれてくる生物はいません。例外なく、誰もが「両親」という父親と母親の存在があって今があります。

その両親にも、それぞれに父親と母親（あなたから見てお爺ちゃんとお婆ちゃん）がい

ますよね。そして、そのまた上にも両親がいます（ここまでで3代）。その人たちが、あなたから見れば「ご先祖様」となるのです。

仮に10代遡れば、１０２４人のご先祖様がいる計算になります。

私たちは、それぞれが約２７０００個の遺伝子を持っていると言われていますが、当然、そこには数多《あまた》いるご先祖様たちの情報も受け継がれています。

ちょっとイメージしてみてください。

ご先祖様は、様々な体験をしてきた人ばかりです。当然、得意不得意なジャンルも人それぞれ。そんな遺伝子が、環境によってオンになったり、オフになったりすることも生命科学の分野では明らかになっています。おもしろいですよね。ご先祖様たちは、いつもあなたの内側で息づいているとも言えるのです。

よく「ツイてる！」って言葉を何度も唱える人っていますよね。何度も口にしたり、書いたりすることで、本当にツキが回ってくると信じて実践する人がたくさんいます。これだけ多くの人たちが実践しているということは、実際、ツキを手にした人が多いのでしょう。

あの言葉は、僕は**ご先祖様がツイてる（側にいる）かどうか**、とも関係していると思っています。先にも書いたように、いろいろな経験をしてきた人たちがいるわけですからね。その時々で応援してくれるご先祖様が変わることだって、しばしばあってもおかしくありません。

僕は手相の勉強もしてきたので、昔、個人鑑定をやっていた頃は手相も拝見していました。知っている人は知っていますが、手相の線って変化します。どれくらいの頻度かは人それぞれですが、注意して見てみてください。

それは、あなたの運気とも大きく関係していますが、「こんなところに線などあった？」と言いたくなるくらいの変化もめずらしくありません。

ご先祖様がツイてる、ツイてないも同じなのです。

「よーし、そろそろオレの出番かな？」

そう言っているかどうかわかりませんが（笑）、状況によって応援してくれるご先祖様は変わるもので、

「ツキに見放された～！」

という言葉の場合は、誰も応援団がいない……という寂しい状況になったことを表しているのかもしれません。

「運」の強い人は先祖が強い!?

これまでに占いを通して、いろいろな人たちの人生を垣間見てきました。そして「開運アドバイザー」らしく、明らかに「こうしたほうがいい！」と思う方には、遠慮なくアドバイスもさせていただきました。

当然ですが、僕の人生ではありません。最後はしっかりご自分の力で解決できるようなことはお伝えしますが、まだ時期が早かったり、伝えることがかえってその方の悩みを深めてしまったりするときは、言葉を選ぶこともしばしば、です。

様々な方法を用いて鑑定の精度を上げてきましたが、「運」の強い人とは、どんな人のことを言うのか……。占いをはじめた当初、先にも書いた離婚相談の案件から、逆に運が強くなり、成功している人たちの流れを感じながら、ひとつの仮説に

たどり着きました。それは……、

「運」の強い人は、先祖が強い！

この一言に尽きます。自分の力ではどうにもならない案件ってありますよね。そういうときに問題解決の糸口を見出したり、運勢が好転するよう物事が運んだり。一見、偶然的な出来事に思えることでも、いろいろなことを総合的に見て判断すると、やはり同じ答えに行き着きました。

「先祖が強い」

それは、要は応援団がしっかりしている……ということです。

開運と強運は違いますよね。

「運が強いとは、どういうことなのか？」

運が強い人たちが実践していること、さらには世界中の成功者たちに共通していることも調べてみました。ところが、これらはすべて私たちが実践できることばかり、いわゆるこちら側の話、です。

僕が気づいたのは、あちら側……すなわちご先祖様のことなのです。

ご先祖様たちがどれくらい応援しているのか、その強さ加減が、**その人の「運」をさらに強くしていること**に気づいたのでした。

僕は今、何社かの企業の「顧問」を拝命されています。

ある日のこと。うちの会社のスタッフから訊ねられました。

「社長は、どうやって顧問先を決めているのですか？」

なかなか鋭くて、いい質問です。

顧問先のどの企業も業界は様々。バラエティに富んでいます。

「**それはね、先祖が強いかどうかだよ**」

聞かされたスタッフは、きょとんとした目をしていました。

「先祖が強い？」

目をばちばちさせています。

「社長、もしかして霊能力があるんですか？」

「はあ？　ないないない、あるわけないやろが（笑）」

「じゃあ、なんで先祖が強いかどうか、わかるんですか？」

「それはね……」

顧問を引き受けるかどうかを考えるとき、まずは代表である経営者と面談をします。そして、その場でいろいろな質問を投げかけさせていただきます。

いろいろな話を聞きますが、いちばんしっかり訊ねるのは、

「**お墓参りをしていますか**？」

そして人相や手相もしっかり拝見します。その人の「運」の強さと、どれだけご先祖様たちに守られているかどうかを判断したうえで、顧問を引き受けるか。

早い話が、社長の心意気をしっかり確認しているのです。

日本人が大切にしてきたこと

日本には世界中に広まったユダヤ教やキリスト教、イスラム教のような「宗教」が他国に比べてしっかり根づかなかったことは歴史を見てもはっきりしています。

その代わり、特定の人物や経典に縛られることなく、暮らしに潜む多くのつながりのなかで、生かされている自分を見つめる習慣を持っていたのです。**自然の至る所に「神」が宿っている**、という考え方です。

そして「暦」という様々な自然の変化や営み、流れなどをデータベース化した情報が、より日本人の精神性のバランスを保つ力となっていました。

では、いったいどんな習慣によって、いろいろな「神性」を感じていたのか？

そこで大事にされてきた習慣が「**お墓参りと先祖供養**」の考え方です。

私はことあるごとに、いろいろな人に次の言葉を訊ねてきました。

「先祖供養をしていますか？」

先にも書いたように顧問先の経営者のみなさんにも、必ず初めに問いかけるのはそのことです。自分の会社のスタッフにも友人知人にも、同じことを話します。

出会う人のなかには、

「私には先祖を供養するお墓がありません。どうしたらいいですか？」

そんな問いを逆に投げかけてくる方もいらっしゃいます。

もちろん、先祖供養をするときにお墓があると心を寄せやすくなります。

お墓があるから「行ってみよう」という気持ちになって、お墓があるからご先祖を意識するきっかけにもなります。墓掃除をして、手を合わせて……。ご先祖に心を向けながら、気づけば自分の内側もスッキリする体験が味わえます。

ただし、質問があったように、お墓の場所がわからない人もいます。そのような方でも、心の中でご先祖を意識することはできるはずです。

「人は二度死ぬ。一度目は肉体の死であり、二度目は生きている人たちの記憶から忘れられることによる死である」

この言葉の出典はわかりません。ディズニー映画『リメンバー・ミー』のなかでも同様のセリフが出てきましたし、ネイティブアメリカンの伝承にも似たような言葉が伝えられています。

「たった1人でも、誰かがあなたを思っている。誰もあなたのことを思わなくなったら、人はこの世からいなくなって消えてしまう」

日本では、昔から「子孫が日々平穏無事で生きていられるのは、先祖がいつも見守ってくれているからである」という考え方を大切にしてきました。そのことへの感謝の気持ちがお墓参りという行為につながっていました。ご先祖を忘れないことは、命のつながりを忘れない……ということでもあります。

「お墓」とはひとつの表現であり、形ではありますが、先祖が存在していたからこ

そ、あなたが今ここにいることはまぎれもない事実です。

日本の文化に多大な影響を与えた中国の「儒教」でも、「先祖供養」をすると子孫に「福禄寿（子宝、長寿、裕福）」がもたらされると伝えられています。

日本語の単位を数える字のなかにも、そのような考え方が反映されています。

一頭、一尾、一羽、一名……。それぞれが最後に残るものを数の単位としているのです。牛や豚なら「頭」、魚なら「尾びれ」、鳥なら「羽」、そして人間の場合は「名」。名を残すとは、まさに家系図やお墓に名前を刻むことを表していると言えるでしょう。

ご先祖を敬い、いつも手を合わせることは、まさしく日本の伝統文化とも言えるもの。たくさんの人たちの思いが長い時間をかけて受け継がれてきました。

離婚問題の根っこを見てみると

新規の個人鑑定はお休みしているものの、これまで約６万人の方々を鑑定させていただくなかで、圧倒的に多かったのが離婚相談です。

現代は、３組に１組が離婚する時代と言われていますが、その原因も様々で、不倫の相談や性格の不一致から生じる男女の不仲も多いものです。

これから書くことはあくまでも統計的なことであり、決して私の個人的な想像ではないことはお伝えしておきます。男女の不仲や離婚問題の根っこを紐解いてみると、両家のお墓参りに行っていないケースが圧倒的に多かったのです。

私の先生も同じような相談ごとの場合、

「あなた、嫁いだんやったらね、どうして旦那さん側のお墓参りに行かないの？　嫁ぐって意味わかってる？　女がその家の人になるってことよ。旦那側の姑と折り合いがつかないからお墓参りに行かないとか、そういう問題じゃないの。数えきれないご先祖の、たった1人の人間と気が合わないからといって墓参りに行かないとは、向こうの先祖が力を貸してくれなくなるわよ。お墓参りに行きなさい！」

少々、荒い口調で言っているときもありました。

そういう人の場合「わかっていない」ケースがほとんどです。

それは、夫の両親もお墓参りなんて行かないし、夫自身も行ったことがないから、当然、嫁である本人も行けてないので馴染みがないことを意味します。

もともとに参る風習がなければまだしも、身内のゴタゴタで行かなくなったケースの場合、問題そのものが解決しないことには、お墓参りまでたどり着けません。

実は、何とかしてお墓参りに行けた人の後日談を聞くと、意外と夫婦仲の悪さが解消されていることが少なくありません。夫婦のみならず、先祖とのつながりをもてたことで、何か詰まったり絡まったりしていたものの流れが良くなったり、人間関係が円滑になったりと、変化が著しい場合がたくさんあるのです。

家庭崩壊の危機を救った先祖の功績

ある社長夫人から相談を受けたときのケースです。
夫は18歳のときに親から勘当されて家を飛び出して以来、親の消息を知りませんでした。当然お墓の場所もわかりません。

500万円ほどかけて探偵を雇った末、やっと探し当てたものの、すでに両親は他界していて、山の小汚いところに家があり、墓石もひっくり返っていました。どうしてこうなってしまったのか……。兄弟は2人いたけれど、1人は堅気ではない道に進み、もう1人は自死されていて、夫が朽ちた家と墓の面倒を見るしかない状態だったそうです。

実は、夫が営んでいた会社も潰れかける寸前で、それでも思いきってお墓を探し、お墓参りに行きました。この夫婦の子どもたち4人も相当ひどい状態でした。

ところが、お墓参りに行ってから、少しずつ変化があったそうなのです。

まず、非行を繰り返していた長男と次男は更生し、病に伏せていた長女も体調が整ってきて勉強に精を出すようになり、翌年、見事志望していた大学にストレートで合格しました。そして、引きこもりで学校に行かなかった三男も、学校に行くようになりました。

やっと家族が揃ったものの会社は変わらず潰れそうです。

どうにもならず、住んでいた地域のお金持ちの大地主に頼んでみようと、ツテをたどって会いに行けることになりました。ケチで名前が通っていた人なだけに融資の望みは薄い。とにかく会えるだけ会ってみようと決心したのです。

ところが、思わぬ展開へと事は運ばれていきました。

大地主は会うなり「いくらいるんだ？」と訊ねてきたそうなのです。

夫が必要な金額を告げると驚くべき答えが返ってきました。

「じゃあ、利子も何もいらないから、返せるときに返せ」

なんと巨額の資金を借りることができたのでした。それだけでなく、その会社が請け負える大きな仕事まで段取りをつけてくれて、会社を潰さないで済んだどころか、急激な黒字経営へと大復活できました。

「どうして、こんなことまでしていただけるんですか？」

超が付くほどケチで有名だった大地主に理由を聞きました。

そこには信じられないストーリーが隠されていました。

実は大地主は若い頃、相当なやんちゃだったそうです。ところが道を外れる寸前である人に出会い、それがきっかけで一から根性を叩き直された体験がありました。

なんと、やんちゃな彼を立ち直らせたのが、夫の祖父だったのでした。

「あんた、○○先生のお孫さんだろ?」

「○○先生……?」

「なんだ、そんなことも知らないのか」

なんせ18歳で家を勘当されたわけですから、両親から親戚筋の話などまったく聞いていませんでした。

「お前のお爺ちゃんはな、柔道の先生だったんだよ。お前の父親も柔道の選手だっただろ？　俺は先生にボコボコに鍛えられて、間一髪で真っ当な道を歩けるようになった。今の俺があるのは先生のおかげだよ。大恩人だ。いつか、この恩を何かの形にして返したいと思っていて、そこにお前が来たってわけだ」

信じられないような話ですが、確かに調べてみると夫の祖父は柔道の先生だったとか。大金をはたいてお墓を探してから運気が一転した人の話でした。

もし、あのとき必死になってお墓を探していなければ、きっと大地主のところまで行き着かなかったでしょう。ご縁がつながることもなかったはずです。

この話には、もうひとつ驚くような結末が待っていました。

その年の年末、社長夫人が買った年末ジャンボ宝くじが、見事に1等賞を当てたのです！　私の周りで、宝くじの高額当選をしても不幸にならなかった唯一のお客様になりました。というのも、その後、彼女が1人で僕の事務所に訪ねてきて、1等の賞金を全額、受け取ってほしいというのです。

「こんな高額なお金、さすがに受け取れませんよ。いったいどうしたんですか？」

彼女は穏やかな表情で話してくれました。

我が家にいちばんお金があったとき、いつも私は1人でご飯を食べていた……と。夫は仕事で帰りが遅く、子どもたちとは顔を合わせない。今は全員が揃って毎日、一緒にご飯が食べられている。こんな幸せなことはない。だから、なまじ高額なお金は持ちたくない、そういう話でした。

もちろん、僕が受け取るわけにはいきませんでしたが、その後、賞金をどうされたのかわかりません。今でもずっと家族仲良く暮らしていると聞いています。

やったことが返ってくる「徳」の法則

先祖供養やご先祖様のことと深く関わっていくと、一般常識では計り知れない出来事やドラマと遭遇します。深い世界の扉が開くような感覚です。

それは**〝自業自徳〟**という師匠の言葉。

自分がやった行いが〝徳〟となって返ってくるという意味合いですが、では、〝徳〟になるような行いの良い悪いは、どうやって判断されるのでしょうか？　どんな行いが良くて、どんな行いが悪いのか、その判断基準は何なのでしょう。

例えば「万引きは？」と聞かれたら「それはダメなことだ」と誰もが答えますよね。明らかに〝業（カルマ）〟となる行為です。

では「不倫は？」となったときに、これもダメだと答える人が大半だと思います。ところが、これを法律の観点から考えた場合、チョコレートひとつ盗んでも万引きは犯罪になりますが、不倫は法律では罰せられません。

ただし、師匠曰く、不倫はどんなことがあっても〝業〟だけど、万引きでは〝業〟にすらならない場合がある、というのです。

「えっ？　万引きは万引きでしょう？　それを決めているのは何なの？」

師匠の答えに私は驚きました。

「それは、先祖なんだよ。先祖が喜ぶか悲しむかによって、〝業〟が〝業〟にならない場合もあるんだよ」

師匠が具体的に話してくれたのは、こんな内容でした。

　どれだけお金儲けをして、どれだけ寄付金もいっぱい献金していて、「世界中の子どもたちを助けます！」と活動していても、自分の家族を蔑ろにするばかりか挙げ句の果てに不倫なんかやっているやつを先祖は応援しない、と。後ろ盾なんてしなくなるそうなのです。

　ところが、孫かひ孫にあたる女性がシングルマザーで頑張っているけれど、お金がない。でも足元に自分の子どもがしがみついてきて、

「お腹空いた！　お腹空いた！」

　と泣き叫んでいる状況で、母親がほんの出来心からたったひとつの菓子パンを盗んでしまったとしたら……この母親の行為は〝業〟になるだろうか。ご先祖は彼女

を怒るだろうか？　責めるだろうか？　そんな話をしてくれました。

いかがですか？　あなたならどう判断されますか？ご先祖様たちが決める自業自徳の世界。あなたの行った行為をご先祖だったらどう見るのか。そういう心のモノサシを持っておくことも、ご先祖とのつながりにおいては必要なことだと思います。

遺産相続問題がもたらす現実の出来事①

家族の揉めごとで、いちばんご先祖様たちが嫌がる案件は何かというと「**遺産相続**」です。家族同士がいがみ合い、バラバラになることは、相談を受けている側ですら何度も胸が痛みました。人生の運気や好きな人との相性を見るのとは違い、そこでは人間のエゴや身勝手さがむき出しになるからです。

60代半ばを過ぎた老夫婦が訪ねてこられました。長年、コツコツと真面目に公務員の仕事をまっとうされてきた方々です。２人の退職金や年金を考えれば、悠々自適な暮らしも夢ではありませんでした。

ところが、２人して破産寸前なのです。

聞くところによると、とっくに巣立って行ったはずの１人息子が事業を起こし、そのための資金やら借金の返済やらに夫婦の貯金だけでなく、日常生活に必要なお金もせびられ、挙げ句の果てには退職金もほぼ全額むしり取られたそうなのです。

これまでに2回、息子は警察に逮捕されています。その理由も自宅に乗り込んできた息子が「もっと金を出せ！」と失神するほど父親を殴り続ける姿を見て、居ても立っても居られない妻が2回とも通報したのでした。

そのことを根にもった息子がいまだにお金をねだってくるので、3か月に一度、住居を移動しているという現実です。

これまでに累計すると数千万円のお金を息子に使ってきたことになります。

「どうして、こうなってしまったのでしょうか……」

憔悴《しょうすい》しきった2人を見るのはつらいことでしたが、実はこのようなケースは少なくありません。我が子から暴力的な仕打ちを受ける人たちに対して、必ず聞く質問があります。これを聞くと目の色を変えて睨《にら》まれることもあるほどです。

「すみません。間違っていたら謝りますが、お2人は過去に、遺産相続が原因で兄弟や身内と絶縁していませんか？」

その言葉を聞いて、老夫婦ともに驚いた顔をしていました。

「何ですか？　私たちのことを調べているんですか？」

家族が揉めている原因に遺産相続絡みで悩んでいる人がすごく多いのです。

このご夫婦も、実は遺産相続問題を抱えていて、奥さんが家を取り、夫はお金を取って、それぞれの兄弟とは絶縁していました。裁判を起こしながら次から次へと勝手に相続権をまとめていき、兄弟親族との関係はぐちゃぐちゃになっています。

恐ろしいのは「絶縁」という文字は使っていますが、それは口で言っているだけで、身内のつながりや親族の血のつながりは一生涯消えることがありません。

絶縁の本当の意味とは、兄弟親族と縁が切れていくことではなく、怒って悲しませたご先祖が離れていくのが真相です。先祖が誰も寄り付かなくなるのです。

人生という長い旅路を援軍もなく、たった1人で生きていくのはつらいものです。いろいろな先祖の助けがあるからこそ、一見偶然と思える必然的な人との出会いも、間一髪で助けられるような奇跡的な出来事も起こります。

結局、このご夫婦の問題は解決することなく、一度きりのご縁となってしまいました。息子さんの動向やご夫婦の今後が気になりますが、そこは僕の出る幕ではないと判断しています。

遺産相続問題がもたらす現実の出来事②

「今、兄弟と裁判で争っていて、どうしても勝ちたい。どうすればいいか」

そんな相談内容のお客様がいらっしゃいました。困りました。裁判で勝つ方法なんて知りませんし、私の専門外です。

長男、次男、長女の3人兄弟。訪ねてきた長男が家を継ぎ、晩年の両親のお世話をしてきたものの父親が亡くなったとたん、次男と長女が自宅に乗り込んできたそうなのです。お金や土地に関しては父親が遺言状に書いていて、すべては長男の名義になることが決まっていました。それに対しての次男と長女の不平不満です。

「親父の面倒は見ませんと言っておきながら、死んだときだけ遺産相続に首を突っ込むのか？」

長男であるお客様の怒りは心頭です。僕は一言だけ伝えました。

「裁判に勝つための方法はわかりませんが、幸せになるための方法はありますよ」

「本当ですか？　それは何ですか？」

「**財産を放棄することです**」

「何を言っている⁉　ふざけるな！」

すごいキレ方で怒らせてしまいました。ところが、けんもほろろで僕の事務所を出ていくとき、奥様が一瞬ふり返って私の目を見てきたのです。「あっ、これはあらためてやって来るな」と直感で思いました。

数か月後、案の定、再び訪ねて来られました。

裁判の状況はさらに泥沼化していて、遺産の半分は持っていかれる雰囲気らしいのですが、奥様は「もう、いいんじゃないか」と。会社も順調だし、もともとそれなりの資産もある。「それよりも、もっと別の問題がある……」と言われました。

「実は、私たちには、40代手前の長男を筆頭に、下は30代手前までの4人の子どもがいるのですが、誰一人、結婚していないのです。特に長男に関しては窃盗で警察の厄介になるくらいで先行きが心配です。どうして、子どもたちがこんなことになったのか心が痛みます」

社長である夫は眉間に皺を寄せながら「崔先生、何か方法はありませんか？」と声を絞り出すように話しかけてきました。

「ですから、今よりもっと幸せになりたいのなら、前回申し上げたような財産放棄……ですかね」

「うーむ……」

夫は少しの間考えていましたが「わかった！」と大声で言って、いよいよ決心を固めたようでした。

お客様の決心を待って次の言葉を付け加えました。

「財産を放棄して弟や妹に渡すだけではありませんよ。この言葉を添えてください。

『俺がいらんことに欲を出したから余計なことになった。お金はお前たちに渡す。そのうえで、これから先、盆や正月になったら、みんなで集まって酒でも飲んで、墓参りにも行こう』と必ず言ってあげてください」

「いや、崔先生、それは無理や」

間髪入れずに断られました。

「いやいや、それくらいしないと意味がないんですよ。財産放棄の意味が。いいですか、ちゃんと言ってあげてくださいね」

何も言わず、ご夫婦は帰っていきました。

後日、知った話では、確かに財産放棄はしたようでした。

土地や不動産はすべて弟に渡して、お金も全部妹に渡し、自分はすべてを放棄したのでした。そして弟さんには僕が話した言葉そのままを伝えたのですが、目の前でツバを吐き捨てられたそうです。

「崔先生、これで本当に良かったんやろうか？」

「いいんです。これ以上、絶対に文句は言わないでください。俺がいらんこと言わせたと伝えたうえで、もう揉めない。そして、いつでも遊びに来てくれたら受け入れるし、墓参りも一緒に行こうと。毎年声をかけるからなと。そんな形を貫いてください」

「はあ……わかりました」


それから2年余りが過ぎた、ある年の年末。その夫婦が久しぶりにやってきました。また何かあったのかな？　と聞いてみると笑顔で話し始めました。

「崔先生、うちの子どもたちが全員結婚して、全員の嫁が妊娠しとるんですよ。正月になったら全員で遊びに来るそうです」

「そうなんですね。良かったじゃないですか！」

「土地と不動産を全部持っていった弟はね、翌年、会社の朝礼のときに脳溢血《のういっけつ》で倒れて死んでしまいました。妹のほうはノイローゼになってしまったようです。けっこうな金額の遺産を手にしたのが原因となって、今は妹の子ども同士がお金の奪い合いで喧嘩しているらしいんですよ。先生の言った通りです。

あいつら、**ざまあみろですよ！**」

そのとき、夫の言葉を聞いていた奥様の顔が曇りましたが、少しの時間だけ僕の事務所に滞在してから帰っていかれました。

ところが、すぐさま社長1人だけが戻ってきたのです。

「いらんことしゃべったね、俺、ざまあみろはないよね。たった1人の弟だったんです。遺産のことで揉めるまで、弟とは昔からずっと仲良しでした。

小学生のときなどは遠くまで遊びに行くと、すぐに迷子になるやつでね。見つけるのはいつも俺やった。いつも、おんぶしてやってね。兄ちゃん、兄ちゃんって、俺の背中で泣きよる姿を見てね。懐かしい思い出です。たった1人の弟でした。

ざまあみろは言いすぎやった。父ちゃんと母ちゃんが聞いとったら、どれだけ心を痛めたろうか」

素敵な顔をされていました。今まで見てきたその人の顔で、その瞬間がいちばん輝いた表情をされていました。

「弟のところも、妹のところも、ちゃんと上手にまとめあげてこその長男ですよね。これ以上、揉めないようにうちの甥っ子や姪っ子たちに話して、うまくまとめます。うちに遊びに来い。遊びに来て、みんなで墓参りに行こう。盆や正月になったらみんなで集まろう。そう言ってやります。

俺も60歳が過ぎて、やっと意味がわかった。先祖を悲しませたらいかん」

その後、夫婦で経営していた会社の業績はものすごく伸びて、とても大きな企業になったことも付け加えておきます。

離婚から生じるご先祖様の流れ

ご先祖にまつわる案件と関わっていると、思わぬことに気づく機会があります。それは、私たちが暮らしている日常生活では馴染みのないことであり、時としてびっくりするような内容であることもしばしば起こります。

今からここで書かせていただくことも、僕としては統計的に示すことはできるものですが、科学的な裏づけや証言は難しいことでもあります。なので、誤解されたり、必要以上に驚かせたりするかもしれません。

ただし、すべてにおいて解決策はあります。幸せに向かうための情報なので、その点をご理解いただけると嬉しいです。また、何かを断定したり、決めつけたりするものではないこともわかってください。

「統計的に、そのようなことが多い」

くらいに考えていただけると助かります。

男女が離婚したときのご先祖様の流れの話です。


「山田家」という家で生まれた女の子。仮に花子さんとします。山田花子さんのサポート……つまり「ツイてる」役割をしてくれるのは、山田家のご先祖のみなさんたちです。生まれてからいつも成長を見守ってくれています。

花子さんと出会った男性がいます。名前は佐藤太郎さん。太郎さんにツイてサポートしてくれるのは「佐藤家」のご先祖のみなさんです。いつも彼を見守っています。

大きくなった2人は出会って、お互いを好きになり、結婚する運びとなりました。花子さんは佐藤家に嫁ぐことになったのです。

やがて2人は子宝にも恵まれ、花子さんは太郎さんとの間に3人の子どもを授かることとなりました。

太郎さんと花子さん、そして3人の子どもたちにツイているのは**「佐藤家」のご先祖のみなさん**です。結婚したとき花子さんに対する「山田家」からのサポートはすでになくなっています。ツイてくれるご先祖さまは、絶対的に男の直系なのです。これは結婚して子どもを授かっても、授からなくても同じことです。

時を経て、2人は絶えないケンカを重ねたのち、離婚してしまうことになりました。親権は花子さんがもち、苗字も旧姓の「山田」に戻しました。3人の子どもたちの苗字も同じように変更しました。

さて、このとき花子さんをはじめ子どもたち3人にツイてくれるのは、何家のご先祖たちになるでしょうか？

「離婚届にハンコを押したから、私は佐藤から山田に戻りました。なので、私や子どもたちは、あらためて山田家の人間です」

そう言いたくなる気持ちはよくわかります。しかし、それは人間の勝手な考え方です。ご先祖からするなら佐藤家の子どもを授かってくれたわけですし、花子さん自身も佐藤家に嫁いでくれた嫁です。つまり佐藤家の娘なのです。

逆に、山田家のご先祖からすると「どうして帰ってきたの？」という感覚になります。別に帰ってくるのは悪いことではありませんが、実家に帰ってこようが、山田家のお墓参りをしてくれようが、佐藤家の嫁（娘）には変わりありません。佐藤家のご先祖たちがツイて行くのは当然のことなのです。

ここで大事になるのが、花子さんの心の在り方です。

太郎さんとは残念な結果になってしまいましたが、花子さんも、そして子どもたちも、「佐藤家」の家族として受け入れてもらいました。その事実は変わりません。ですから、太郎さんとは「家族」としての縁は切れてしまいましたが、花子さんが「佐藤家」とどう接していくのかが重要なポイントになるのです。

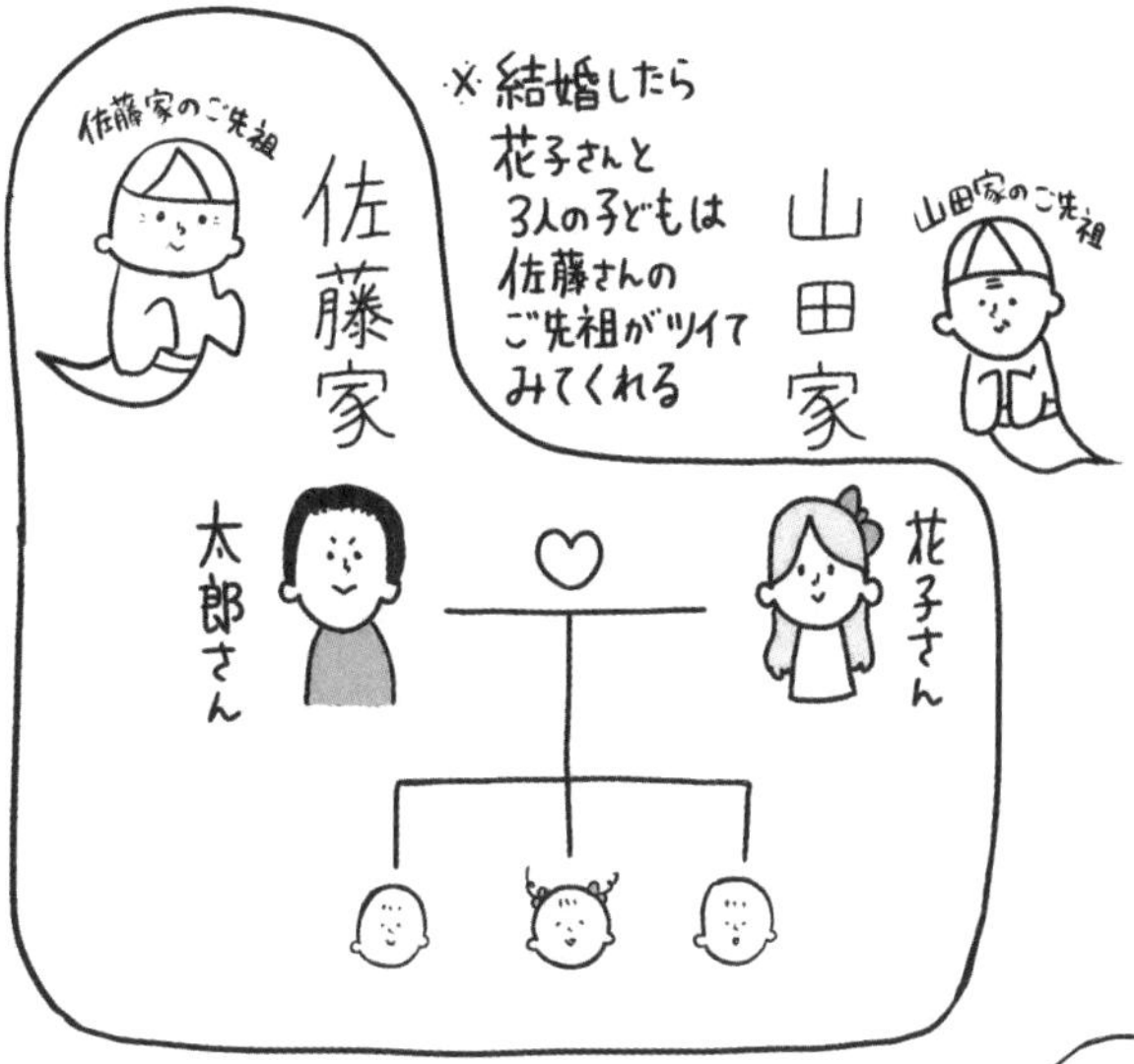
※結婚したら
花子さんと
3人の子どもは
佐藤さんの
ご先祖がツイて
みてくれる
佐藤家のご先祖
佐藤家
山田家のご先祖
山田家
太郎さん
花子さん

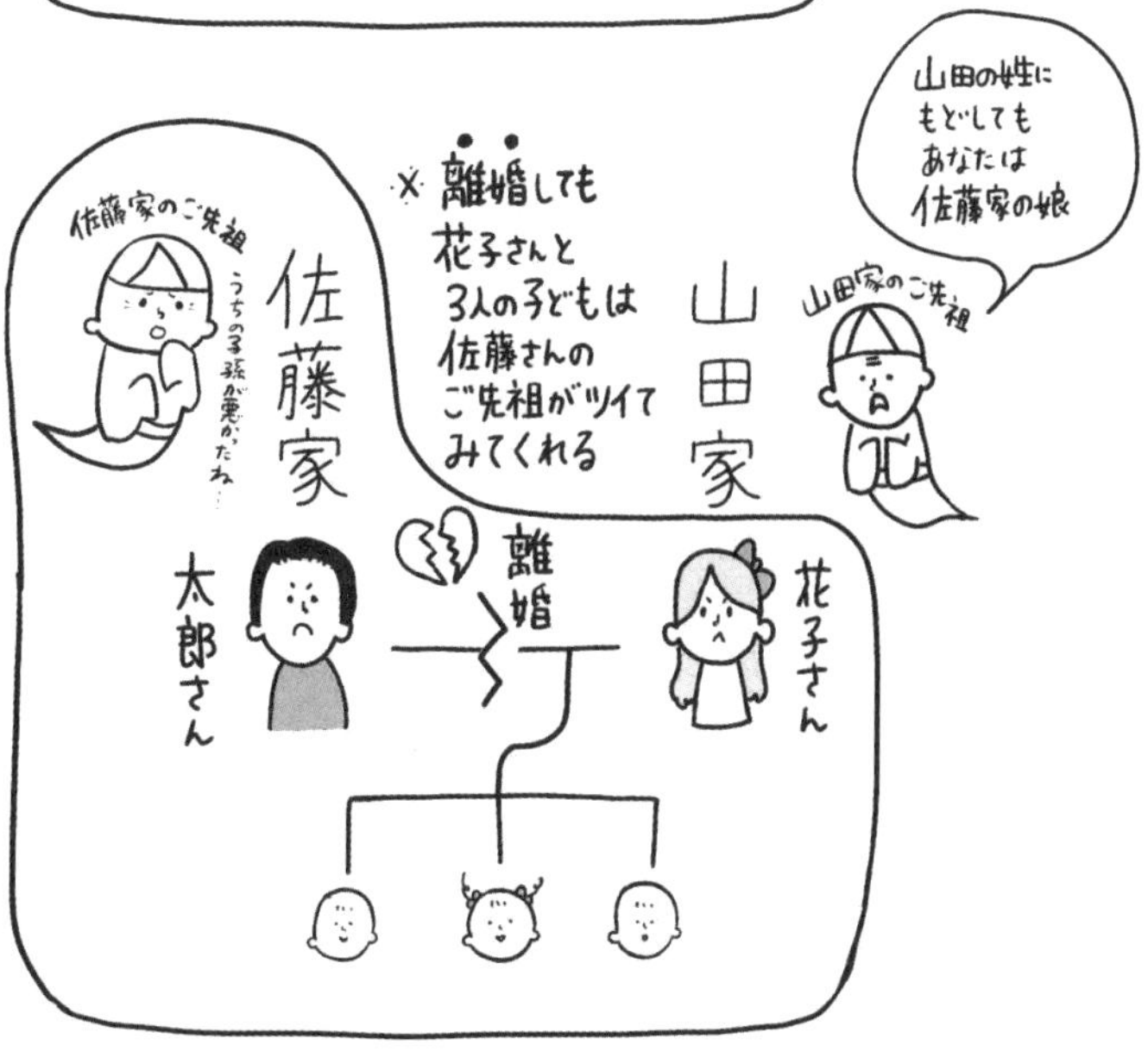
山田の姓に
もどしても
あなたは
佐藤家の娘
※離婚しても
花子さんと
3人の子どもは
佐藤さんの
ご先祖がツイて
みてくれる
佐藤家のご先祖
うちの子孫が悪かったね…
佐藤家
山田家のご先祖
山田家
離婚
太郎さん
花子さん

仮に、花子さん自身が佐藤家とは一切の関わりを持たないと選択してしまったとき……親族と関わらないだけでなく、佐藤家のお墓参りにも行かなかった場合、花子さんやその子どもたちには誰もサポートがつかなくなります。とても不思議なことですが、さまざまな案件から統計的に見てみても、そのような傾向になるのです。

驚く統計かもしれません。繰り返しますが、必ずそうなることではなく、絶対的なデータではないことはご理解ください。ただ、約6万人を鑑定させていただき、たくさんの離婚相談と向き合わせていただくなかで、このような統計結果が出てしまいました。

僕がこれらの案件に対してアドバイスをするのは、「**相手方の男性直系のお墓参りに行ってください**」ということです。できる限りお墓の場所を確認し、行けるなら子どもたちも同伴で行ってください。

もしも、どうしても行くことが叶わなければ、日常生活のなかで、その家系のご先祖たちのことを思い、敬い、手を合わせるだけでもかまいません。それを忘れないでいただきたいのです。

「元を大事にする」

これはなにもご先祖に関することだけではありません。人のご縁、人の恩……。何にでも〝はじまり〟はあるものです。そこを大事に思い、自分がなぜここにいるのかを常に理解しながら、感謝の心持ちを大事にしていただきたい。

男女が離婚してしまった場合、どうしても相手を許せないことはあります。それなりの理由から別れてしまったわけですから、許せない気持ちが湧いてきても当然のことだと思うのです。

しかし「許す」ということも、人間として大切な学びです。

それをいかにしてクリアするのか。それは自分が成長していくうえでの、乗り越えるべき大きなハードルでしょう。大きく成長できるチャンスでもあると思います。

師匠が教えてくれた「自業自徳」

ご先祖様の話の最後に、師匠が教えてくれた言葉を書いておきます。

「〝自業自徳〟と言う言葉の意味を知っておいてね」

「あれ?」と思われた方もいらっしゃるでしょう。

本来この字は「**自業自得**」と書くように習ったはずです。

「得」と「徳」では、どんな意味合いの違いがあるのでしょうか?

本来の「自業自得」は、もともと仏教で使われていた言葉で、「**自業**」**とは自分が行ったこと**、「**自得**」**とは自分自身で受けること**を意味します。

インドでは「業」のことを「カルマ」と呼んでいたので、中国に渡って翻訳された際に「業」の字が充《あ》てられたそうです。

正式な意味をそのまま書くなら、

「自分の行いが自分の運命を生む」

そのような意味になるでしょう。

師匠が「**自業自徳**」に置き換えたということは、

「**自分の行いが自分の〝徳〟を生む**」

それが言いたかったことになります。つまり、すべての行いが〝徳〟につながる生き方をしなさい、と。そのような意味合いでよく使っていました。

師匠や先生から教わってきた「ご先祖様の大事さ」とは何も、必ず墓参りをしなさい、お仏壇は必ずこの方角に置きなさい、先祖の名前はしっかり覚えなさい、といった形を重んじることではありません。

本当に大切なのは、すなわち〝**ご先祖様に感謝**〟することであり、暮らしを営む日常生活のなかはもちろんのこと、人生という長い道のりを歩いていく過程のすべてにおいて感謝の気持ちをもって生きる、その心持ちのことを表しています。**「徳」とは、ご先祖様が見て自分が今やっていることを喜ぶかどうかです。**生きていることが、すなわち「徳」につながるのならば、あなたの人生そのものが「徳」に満ちあふれたものになりますし、そんなあなたとつながる人々も同じような「徳」を味わう人生を生きるようになるでしょう。

そういう生き方をしている子孫をご先祖様たちが応援しないはずがありません。さまざまな人（先祖）たちが喜んで応援団を買って出るでしょうし、もっと言うなら大勢の見知らぬ人のご先祖様たちも放っておかないでしょう。世界的に大活躍し、たくさんの人たちに夢と希望と愛を伝えている強運者の人たちの大半にも、自分のご先祖様だけでなく、あらゆる祖霊の大勢が応援しているからこそ活躍が続いている人がたくさんいます。

ほとんどのトップレベルの強運者たちは、自己肯定感の高い人です。

自業自徳・自分の行いが自分の"徳"を生む

"徳"かどうかは父や母、ご先祖さまが喜ぶかどうか

自分自身だけでなく、一緒に働いたり、動いたりしてくれる人たちを誇りに思いながら、使命感に満ちあふれ、どうやって社会に貢献するかを常に考えて仕事も自らの動きさえも判断します。自信をもって行動しています。

そこには目に見えない、たくさんの応援団が「徳」の高さに反応しながら動いていると思えてなりません。

枠に収まらないイレギュラーな人たち

「占い」とはデータ（統計）であると書きましたが、占いでいう〝天中殺《てんちゅうさつ》〟や四柱推命ならば〝空亡《くうぼう》〟と呼ばれること……俗にいう運気や運勢が停滞することですが、このような時期は妙なトラブルや事件・事故、心や体を病んだりすることが多い恐れがあると言われています。

なので、新しく家を建てたり引っ越しをしたり、または結婚なども控える傾向があります。ところが、そのような時期にもかかわらず、問題が起きない人が稀に現れるのです。だんだんそのことに疑問を持ってきたので師匠に訊ねました。

「どうして該当しない……イレギュラーな人たちがいるんですか？」

「まずは……先祖供養だね」

「えっ？」

僕は不思議に思いました。「まずは……」ってことは、まだ先があるということですよね。「本当は〇〇だけど、まずは先祖供養だね」という文脈でしょう。

そのとき師匠は続きを教えてくれませんでしたが、僕は「先祖供養」にどハマりして、ことあるごとに先祖供養の大切さを伝え続けました。

正しい先祖供養の方法にハマり続けると、やはり正しいお墓の建て方だったり、供養するタイミングだったり、「これこれ、こういうふうにして……」などと正しい祀り方を伝えたくなっていました。ところが師匠に、

「お墓を移動するときも、こんなタイミングがいいんだよね？　こういう建て方がいいんでしょ？」

そう訊ねても、何だかしっくりこないというか、知らん顔のような雰囲気でした。

今思えば……僕は正しい先祖供養とか、正しいお墓参りの方法をアドバイスすることで、多くの人たちのことを不安にさせていたのかもしれません。

なかには父親のことがよくわからない人や、両親がいない、お墓の場所がわからない人もいます。それでも「どうにか探してください」とか「何とかしないといけません」とか言っていた僕は、ある日、師匠から頭を叩かれました。

「お前は全然わかっていない！　結局は形を求めているだけだよ。求めることが悪いわけではないけれど、ものがなくてもできるのが本来の先祖供養なんだ。お墓がないといけないとか、男の直系家系を立てないといけないとか、もちろんそれはアドバイスとして話したものの、本質ではない。本質的にいうなら、今この場所で手を合わせるだけでも先祖供養はできる。先祖供養とお墓のあり方は、日本独特のものだよ。しかし、もっと大事なものがあるのよ」

もっと大事なもの……。それは何だろう？

自分の先祖やお墓がわからなくても強運の人たちは存在します。

先祖供養こそすべてと思っていた僕にとっても転機だった気がします。
そうやって「先祖供養」の先にあるものを探す旅が始まったのでした。

第3章のまとめ

● 「先祖供養なくして、人間の幸せはない」という教えがある

● 日本には古くから「暦」を大切にしてきた文化がある

● 「供養」とは〝人と共に生き、養い成長していく〟こと

● 「ツイてる」とはご先祖様がツイているかどうかである

● 「運」の強い人は、ご先祖様が強い！

● 人は二度死ぬ。一度目は肉体の死。二度目は記憶からなくなることの死

● 「自業自徳」とは、自分の行いが〝徳〟を生むこと

● 自分の先祖やお墓がわからなくても強運の人たちは存在する

先祖供養にハマる!

個人鑑定のアドバイス
先祖供養について
ふれるようになってから
キリッ
ミラクルのような話が
よくおこるようになった
バッシーン
先祖供養こそ
絶ったーい!!
まずは〝先祖供養〟って
言ったけど
それが〝わかりやすかった〟
からよ!!
〝正しい〟先祖供養?
とらわれるんじゃないの
すごい…
叱るやん…
確かに自分のお墓が
わからなくても
強運者は存在する…
何でだろうって思って
ましたよ…
先祖供養のさらに
〝先にあるもの〟へ
目を向けるときが
きたようです

第4章

「信仰心」が教えてくれたこと

信仰心

僕の師匠がずっと嘆いていたことがあります。
それは、「心」がなくなっていくこと。
それがどういう意味なのか、
最初はわかりませんでしたが
お墓参りや先祖供養のもっと奥にある
「信仰心」へとつながる私たちの根本的な「思い」。
どのような心持ちでいることが大事なのかの教えでした。
本当に大切なことへと近づいていくきっかけのお話。

「金持ちは三代続かない」は本当なのか？

前章でもふれたように、ある時期、僕は「先祖供養」にのめり込んでいました。

そして、供養の大切さや方法をお伝えするなかで、何年も難しかった子宝に恵まれたり、離婚の危機から脱したりするご夫婦や、遺産相続で揉めていた家族関係が穏やかになったりと、目に見えて効果のある事例にもたくさん遭遇しました（もちろん、それに適さないイレギュラーな人たちがいたことも書いた通りです）。

そのような体験を重ねるなかで「**金持ち三代続かない**」という、富が三世代を超えて続くのが難しいことを示す慣用句を地でいくようなケースを何例も味わいました。

初代が成功したにもかかわらず、二代目や三代目になると、どうして衰退の道をたどってしまうのか？　もちろん、個人の能力の違いや時代背景もあります。

初代が苦労に苦労の末、やっと手にした富や地位に対して、二代目や三代目はその価値が理解できないこともあります。また、金銭的にも豊かな環境で育った二代目や三代目たちは、金銭に対する価値観や働く意欲（目的）が初代とは異なる場合だってあるでしょう。

しかし、僕がいちばん感じたのは「**ご先祖に対する気持ち＝信仰心**」の違いでした。有名な大学を卒業し、いろいろな勉強をしながら知識や経験を積んできたのに、どうして引き継いだ会社の事業がうまくいかないのか。

相談に来た人に、僕は次のようなアドバイスをしていました。


「**ご先祖様に対して、手を合わせる時間を増やしてください**」

そんなアドバイスに対して返ってくる答えの大半がこんな感じです。

「いやぁ、そういう習慣がないから……」

「それは意味があるんですかね？」

こんな答えが出るのは、初代がやっていたことの意味がわからなくなってしまっているからだと思います。

初代が大切にしていた「信仰心」とはいったい何なのでしょうか。


実際に体験したエピソードです。

とあるご縁から相談をいただいた会社の社長さんは、自分の代で衰退する会社を何とかしたいと話されました。僕もいろいろなアドバイスをしましたが、それでも良くならない。師匠に相談しても一言、

「**信仰心だよ**」

と言うばかりです。それをお伝えしたところ、

「いや、実は他の占い師さんにも相談したら同じこと言われたので、神棚をでっか

くしたばかりなんですよ」

でも、神棚にお金をかけて大きくしたところで、本筋とはなんら関係ありません。

手を合わせる時間があったのかどうか……が大切なポイントなのです。

それともうひとつ、実は大事なことがあります。意外と見落とされがちで盲点なのですが、それは**「井戸」の存在**です。水を汲み上げる井戸のことです。

師匠からもこう言われました、

「敷地内に井戸があったかどうか聞いてみて」

今でも都会には多いのですが、蛇口をひねったら水が出るようになっているものの、実は井戸から地下水を汲み上げているケースも少なくないとか。そんな井戸がなかったかどうかを聞きなさい、と言われました。

井戸があった場合、きっと初代はその近くに祠を建てているはずだから、それを確認すること。そして、家の中に神棚が2つ……台所にもうひとつ神棚があるはずということも教えてくれました。

すると、祠が木の陰になっているけれどしっかりあったり、神棚がもうひとつ台所にあったりすることがわかりました。台所の神様は「荒神様《こうじんさま》」とも言われ、火と水を司る神様として祀られることが多いのです。

私たちの生活の中で「水」は欠かせないもので、人間の勝手な都合で大地に穴を開けるわけです。そこに対する感謝の思い、または水の恩恵を受けることで生活が成り立っていることへの感謝の思いをちゃんと表すために、初代は神棚とは別に祠を建てたり、神様を祀る場所をつくりました。

神棚や祠を別々につくった理由はまだあります。

水の神様や火の神様、そして土の神様の上で私たちが生活していることへの感謝を表現したのです。そして、それを大事にする姿をきちんと生活の中で見せていくことも大切にしていたのです。誰に見せるのでしょうか？

それは、子どもたちに見せるためです。目に見えないものだからこそ、そこを敬う気持ちを形として、作法として見せることで、しっかりと継承していくのです。

そのようなことのひとつひとつが目に見えて日常的になってくればくるほど、家族や会社そのものが良くなっていく事例をたくさん体験させていただきました。

初代は、二代目や三代目も同じようにそのようなことへ思いを馳せたり、手を合わせたりすることの大切さを伝えていこうとしたはずです。

僕が体験したなかで調べてみると、初代で成功した方の多くが見えないものに対する信仰心を持っていました。そこが二代目、三代目との大きな違いだということになかなか気づいてもらえません。だからこそ次の代に継がれない。

アドバイスをしていくことで、一見まったく関係がないように見えますが、あれよあれよと繁栄の波に乗っていった会社をたくさん見てきました。

世界の大富豪は毎日トイレ掃除をしているか!?

「**開運習慣**」に関しては第1章にも書きました（P38）。僕はある時期、「本職がトイレ掃除屋さんじゃないか？」と自分でも思うくらいトイレ掃除ばかりをやっていました。

以前、先生と話しているときに将来の夢を聞かれ、

「起業して自分のお店を持ってお金持ちになりたいです」

その言葉に対して先生はこう言ってくれました。

「それなら毎日3年間、トイレ掃除をしなさい。習慣にしなさい。もし実践を続けた3年後、まだあなたがお店を持っていなかったら私がお店を建ててあげよう」

当時の僕は起業のあてなんてありませんし、それどころかまったくお金も持って

いませんでした。

「先生、言いましたね。本気でやりますよ」

「やってみなさい。その代わり自宅はもちろんのこと、目にしたどこのトイレでも徹底的に掃除をするんだよ」

やり方も教えられました。最後はトイレのフタは閉めなさい、トイレットペーパーの先は三角形折りにしておきなさいなど。そんな習慣など今まで自分の日常にはありませんでしたが、その日からトイレを掃除するようになりました。

言われた通り毎日実践した7か月後……僕は飲食店のオーナーになりました。

そのことを先生に報告しに行ったとき、僕はずっと疑問に思っていたことを話しました。

「先生……世界中の大富豪もみんなトイレ掃除をやっているんですかね？」

すると先生は大笑いしながらこう言ったのでした。

「そんなわけないじゃない（笑）。ビル・ゲイツや孫正義など世界でも有名な大富豪はもちろんのこと、日本の大富豪ですらも毎日トイレ掃除をしているわけないでしょう。あなたが何もわかっていないから〝トイレ掃除〟という習慣を提案したのよ。一心に気持ちを向けられることとしてね」

確かに、僕はトイレ掃除を毎日実践している間、常に心にはスッと一筋の芯が通っている気持ちになりました。

「だからトイレの神様の話をしたのよ（P46）。世界の大富豪たちに共通しているのは、宗教を通したうえで『信仰心』を持っているってことよ。全世界の成功者で運が強い人たちは、宗教を通して信仰心を学んでいるの。そのことをあなたにも知っておいてほしかったからね」

先生が本当に言いたかったことの意味がようやく理解できた気がしました。

「宗教」の本当の意味とは？

よく講演会などで、僕はこんな質問をしてみます。

「宗教を信仰している人はいますか？」

すると、会場で手を挙げる人は、せいぜい1人か2人です。

「ありがとうございます。では、〝神様いないと思う人〟は、どうですか？」

すると、今度は誰1人、手を挙げる人はいません。宗教を信仰している人はとても少ないのに、「神様はいない」と思っている人になると誰もいない。

これって、不思議だと思いませんか？

今一度、みんなで考えてみたいことがあります。

「宗教」とは、いったい何なのでしょうか？

今の若い日本人の自己肯定感が低くて、残念なことですが自分で命を絶ってしまう人の数も先進7か国ではトップレベルです。

自分に自信がない、自分を好きになれない……そんな思いを抱く子どもたちが増えているのも実情です。

「日本には諸外国みたいに宗教がない」と言われていますが、本当でしょうか？

では、そもそも「宗教」とはどういう意味なのでしょうか？

一般的に「宗教」という言葉を調べると、「**神様と称するものを崇めて信仰し、その教えに沿って生活したり儀式をしたり祈ったりすること**」と書かれています。

世界3大宗教と言われるキリスト教、イスラム教、仏教が世界中の宗教の60％以上を占めているのが現実で、他にもユダヤ教やヒンドゥー教など、各地の地域性や民族性によって様々な宗教が存在しています。

もちろん、一般的な「宗教」の定義はそうなります。

一般的な「宗教」という言葉の意味は先に書いた通りです。「そういうものが宗教なのか……」と師匠に話したところ「**日本の言葉には、ひとつひとつに意味がある。1字1字それぞれに調べてみたらいいよ**」と言われました。

「宗」と「教」つまり「宗の教え」が何なのか。「宗」という字を辞書で引くと「大元」の他に「祖先」と書いています。つまり「祖霊」という意味があります。

日本で表現している「宗教」とは、つまり「祖霊の教え」のことなのです。

箸の持ち方ひとつにしても、人の気持ちになって考えなさい、と言われている真意もそのことにつながっています。親から子へ、その子が親になってまた子どもへと代々受け継がれてきたことこそ、「祖霊の教え」つまり「宗教」なのです。

・人を敬うことも宗教
・相手を思いやる気持ちも宗教
・立ち居振る舞いも宗教
・箸の持ち方ひとつも宗教

もちろん古から伝え続けられている「暦」だって宗教に値するでしょう。
「神を祀りなさい」「お金を寄付しなさい」「教えを守りなさい」……決して、強制されるものではないのです。

日本人が大切にしてきた「信仰心」とは、先祖からの教えを暮らしのなかで実践することだと思うのです。

辞書で「宗」「教」を引くと…

「宗」…教義。教理。信仰の組織団体

ほかに、おおもと。いえもと。祖先など

「教」…おしえる。信仰の教え。

「宗」「教」とは

＝祖先（祖霊）の教え

＝親から子へと受け継がれる教え

宗教をやっていても神に依存する人たちがいる

宗教を通して養われた信仰心が、必ずしも絶対に素晴らしいとは限りません。

宗教を信仰していても間違った方向に進む人たちは必ずいます。それは「神様に期待して、神様が救ってくれる」と神そのものに依存してしまう人たちや、神の存在と神の教えを強制してくる人たちのことです。

日本人のなかには、そうやって依存してしまう人を笑う風潮がありますが、人のことは笑えない、と僕は思っています。

例えば、神社仏閣にお参りすれば何かしらのご利益がある……そんな考えだけで思いを委ね、場所にすがってしまうことは依存そのものですし、過剰なパワースポット巡りや開運グッズに高額なお金をかけることも同じ類だと言えるでしょう。
ことありき、ものありきだと大切なことを見失ってしまいます。

「叶えごと・願いごと・祈りごと」に関しては次章に詳しく書かせていただきますが、宗教が育む信仰心の重要性は確かにあるものの、宗教に依存してしまう人たちと強運者たちは明らかに違います。

宗教の信仰を大切にしながら強運者へと覚醒していく人たちは、神様が何かをしてくれるとか、神様が救ってくれるとは思いません。まずは自分を信じて、愛して、そのような自分のなかに神様が存在していて、だからこそ心が磨かれ、深い学びがいただけることを知っています。

だからこそ、いつも幸運に恵まれているのです。

ある日、先生が嘆いていたこと

ある年の、ちょうどお盆の時期……8月も中旬に差し掛かったときのことでした。たまたま先生とテレビを観ていたところ、いきなり大きなため息をつきはじめたのです。びっくりして先生の顔を見ました。

目線の先には、テレビの画面がありました。

「どうしたんですか？」

「**ああ……見てごらんよ。このままでは日本も終わりが来るよ**」

先生が観ていた画面には、お盆休みを利用して海外旅行を楽しむ人たちが映っていました。空港には、あふれんばかりの人の山ができています。

「なんで？　ただ家族旅行を楽しもうとする人の姿やん？」

先生は、ちょっと寂しそうな表情で話してくれました。

「**お彼岸やお盆はね、現世にいる家族みんながご先祖様たちとつながれることを、昔の人たちが大事に想いながら伝えてくれた行事なのよ。本来なら、家族がバラバラになって、他の国々へと遊びに行っている場合じゃないの。あなたはこの光景を見て、何も感じないの？**」

もちろん、先生も旅行そのものを否定しているわけではありません。

そもそも「喜怒哀楽」の言葉の2文字を取って〝喜楽〟を好んでいた人です。人生をいかにして楽しむか。それも「喜ぶ心」を大事にしていた先生は、先人たちが残してくれた暦の文化や節句などの行事を特別に重んじていました。

どこかへ行くことも好きでしたし、いつも自ら〝喜楽〟を実践していた人です。

その先生が憂いていたのです。

先生がいちばん嘆いていたのは**「心」がなくなっていくこと**でした。

あの頃、まだ若かった僕には、先生が憂いていた理由を理解できませんでした。

というより「たかが旅行を楽しんでいるだけなのに」くらいに思っていたのです。


日本には昔から自然界の至る所に神性を見出し、生きとし生けるもの、存在するものすべてに神が宿っていると感じ取る心がありました。

独自の感性や感覚をもって自然と向き合っていたのです。

それこそが、他の国との大きな違いでした。そのような感性が、日常的な暮らしのなかにも当たり前のように根づいていて、それらがいろいろなことへの、

「信仰する心」

を芽生えさせていました。

歴史を紐解いても、日本は他の国と違って特定の宗教や宗派、人物崇拝を重んじてきた国ではありません。「心」を大切にする国として成り立ってきました。

日本人が大切にしてきた「信仰心」とは、神社や仏閣だけに手を合わせることではありません。時にはお天道様だったり、山や川だったり、樹木や草花、そして夜空の星たちにも手を合わせる習慣があったのです。

あなたの身近にも海外に行って帰ってきた人から、

「海外で出会った人たちに『あなたは何の宗教を信仰していますか？』と聞かれて困った」

そんな話を聞いたことはありませんか？

「日本には無宗教の人が多い」と揶揄《やゆ》されることがあります。だから、よくわからない国民だ、と。でも本質は違います。海外で言われる「宗教の信仰」と日本人が重んじてきた「信仰心」の違いがあるだけだと僕は思っています。

1945年の8月。日本は大戦に敗れてから、時間をかけて、多くのことが変わりました。最も大きな変化は生活習慣や家族との暮らし方です。

大切にしていた「暦」の文化も徐々に薄れました。意識や考え方が西洋的になり、大家族での暮らしも核家族化が推進されるようになったのです。

あのとき先生がテレビを見ながら嘆いたこの国の姿も、今なら理解できます。

お墓を建てるのも神社仏閣を配置するのも、すべては人間の弱さから生じていると先生は話していました。本当に大事なものは肉眼では見えにくいことはわかっているものの、形あるものを創らなければ拝むことができないので、形にすることで、そこに手を合わせる……。そして心を整えるのです。

もちろん、形にするのが悪いわけではありません。ただ、それさえもおざなりにしてしまっている現状に、僕も憂う気持ちを隠せません。

僕の先生が最も憂いていたご先祖様とのつながり。

そこに思いを馳せる心……。

大事なのは、お墓参りや仏壇に手を合わせようとする「心」なのです。

「心」がどこにあるのか？　お墓参りや先祖供養以前に、先生は心の在り方を僕に伝えようとしていたのでした。

信仰心の先にあるもの

毎年発表される世界中の成功者たち。それぞれの仕事のスケールも半端なく大きなものですが、手に入れているお金の額にも驚くばかりです。

そもそも成功とは何なのか？　名だたる成功者たちの「定義」を知ると、少しずつ共通点が見えてきました。

誰もが「大金を手に入れることが成功」とは言っていません。それどころか、自分ではなく**他者が喜んだり、人々の生活に変化をもたらせたりすることが成功の定義だ**、と語っているところが印象的です。

他者が幸せになること、他者がその人の人生で成長し、変化していくこと。

どれだけそんな人を増やせたかが、成功の大きさにも結びつく考え方なのです。

それが自分の幸せにもつながり、大成功の道を築いているようです。

また、成功を手に入れた人たちの思いの強さ、達成意欲の高さの秘訣も共通しています。人生の目的と目標が明確だったり、勉強熱心だったり、決断力が優れていたりなど、みなさん同じような気質が備わっています。

ところが、もっともっと深い部分の共通点があることを師匠が教えてくれました。

僕は初めてその話を聞いたときのことを今でも覚えています。

あまりにも深すぎて、一瞬、言葉が出ませんでした。

「いちばん深いところで共通していることは何だかわかる？

それが『信仰心』なんだよ。

世界中には宗教というものが存在している。キリスト教、イスラム教、ヒンドゥー教など。それぞれの神を心から信じて生きていくことが、自分を信じることにもつながり、自分を肯定することにもつながっていく。

だから、どの成功者もしっかりした思いの強さを持っているんだよ。

日本には、宗教がない代わりに先祖供養というものがあった。

それは、1年の暦の中にも文化として組み込まれていて、お彼岸やお盆の時期に家族みんなでお迎えしたり、送り出したり……。それが日常的だったんだよ。

『信仰心』の先にあるもの……それは何だと思う？」


僕は、すぐに答えることができませんでした。

それこそが人のなかにある「器」を形成していくうえで、最も重要なことだったのです。信仰心の先にあるもの……僕のなかの問いがさらに深まりました。

第4章のまとめ

- 金持ちが三代続かないのは信仰心が薄れているから
- 日常的に関係する水や火や土の神様にも思いを向けること
- トイレ掃除に夢中になることで信仰心の大切さを知ろう
- 「宗教」とは「祖霊（先祖）」からの教えのこと
- 宗教に依存すると信仰心は間違ったものになる
- 日本人の信仰心とはあらゆるもののなかに神性を見出すこと
- 世界的な成功者たちは深い信仰心の先にあるものを知っている

信仰心を知る

「宗教」について「宗」と「教」を別々に調べると「祖先(霊)の教え」になる
宗
おおもと
祖先
祖父母から父母、そして子へ代々、教えてきたものが「宗教」なのだ!!
日本の場合特定の宗教で信仰心を学ぶというよりも先祖供養だったり井戸や台所に水や火の神様を祀ったりして
暮らしの中で"信仰心"を養っていたんだ
"信仰心"というのは強制したり、依存したりするものではないよ
それをやっちゃうと※心がズレるからね
※第2章「凄い」という漢字が教えてくれること参照
さて、世界的な成功者は信仰心の先にあるもの"を知っているわ
先に進みましょう
え!? まだ先があるの!? ちょっと待っ…
あーれー

第5章

「感謝」って何だろう？

ずっと師匠から言われていた言葉「感謝」。
「感謝しなさい、感謝が足りない」
その言葉の真意がわかりませんでした。
ところが突然、家族に起こった出来事をきっかけに
気づかされる体験を味わいました。
「先祖供養」や「信仰心」の根本にあるもの。
いちばん大切なことが隠されていました。

あなたは「感謝」が何なのか知っていますか？

僕は「感謝」という言葉が大嫌いでした。

いきなりですが、昔の僕が心に抱いていた素直な気持ちです。

驚かれたかもしれませんね。

「崔さんは開運アドバイザーなのに〝感謝〟が嫌い？　どういうこと？」

「運」を上げるためにも「感謝」はとても大事な要素です。それは僕も知っています。きっと、あなたも知っているはずです。

でもですね。意味がわからなかったのです。

「感謝しなさい、感謝しなさいって言うけれど、〝感謝〟っていったい何だろう？」

例えば、講演会場に集まった聴衆のみなさんに、よく訊《たず》ねる質問があります。

「みなさん、運を良くするための大切なひとつに〝感謝〟があるのは知っていますか？　〝感謝〟を知っている人！」

すると、ほぼ大半の方が笑顔で手を挙げます。ところが……。

「みなさん知っているんですね。では**〝感謝〟できていますか？**」

すると、とたんにシーン……水を打ったように会場が静まります。

「運が良くなるために〝感謝〟が必要だと知っているのに、それができている、できていないって何なんでしょうか？」

みんな悩むわけです。知っているのに実践できているのかどうか……。

ご安心ください。実は、僕もそうでした。「感謝」の意味なんてわからなかった。

そこに至るまでの経緯も少し書いておきます。

僕は大学を卒業してから地元の企業に就職し、その後、東京にある商社へ。不器用ながらも仕事をこなす毎日でしたが、あるとき九州に戻ることになりました。経営がうまくいっていない会社を引き継ぐことになったのが理由です。

今でこそ「開運」をテーマに活動していますが、経営者としてスタートした若い時代の僕は、怒り、恨み、僻み、妬みが心に棲みついている人間でした。

「開運アドバイザー崔燎平」のはじまりは、そこでした。

決してキレイな感情ではなく、乱れた思いが心の中ではあふれていたのです。

借金を返す途中の過程では、理不尽なクレームや仕打ちが山のようにありましたし、土下座を強制させられた場面も少なからず。自分の人格が破綻しそうな体験もいっぱい味わいました。汚い言葉もたくさん口にしました。ネガティブな感情が止まらなくなったことだって数えきれません。

何度もお伝えしてきていますが僕には、占いの道でアドバイスを受けてきた「師匠」と「先生」という2人の恩師がいます（詳しくは処女作『5000人を占ってわかった99％の人生を決める1％の運の開き方』をお読みください）。

ずっと師匠は僕にこう言い続けました。

「あなたは感謝が足りない。感謝が足りないのよ」

そう言われるたびに若い頃の僕は腹が立って、

「ちょっと待てよ。感謝が足りないって、じゃあ〝感謝〟って何？」

その大切さを頭ではわかっていても「感謝」そのものの意味がわからない。

そのうち自分のなかでは「感謝」がいちばん嫌いな言葉になっていました。

占いを始めた若い頃、あまりにも「当たる」ことばかりに気持ちが向いてしまって、

「占いはすごい！　万能なものだ」

いっぱい勘違いをして、調子にのっていた時期がありました。

その後、鑑定の件数を重ねていくうちに、自分の知識には該当しない人たちが現れて、そこで恩師たちのアドバイスをもとに「お墓参り・先祖供養」を伝え始めると、目に見えた結果を実感できるようになったのです。ところが……。

そのうち、僕自身が持っている知識や経験をはるかに超えた成功者のみなさんと出会うことになりました。それも1人や2人ではなく大勢の人たちに……。

「どうして、あの人たちは成功したんだろう？　なぜ強運者になったのか？」

そして、行き着いた先に気づいたこととは？

〝感謝〟の意味とは何なのか？

先祖供養から信仰心の大切さまで、いろいろな体験や人との出会いのなかで学ぶことができました。そこから本物の強運者や成功者の気質にふれる経験は、今では僕の貴重な財産になっています。ところが……。

「運」の本質がどこにあるのか、そこがまだわかっていませんでした。

そんなとき、家族が味わった個人的な体験から僕は大きな宝物をいただくことになったのでした。

生まれてきた息子から教えられたこと

信仰心や「運」の本質について考えるとき、僕にはそれが実感できた出来事がありました。そこから学んだことが、その後の人生において大切な気づきとなり、財産にもなっています。

僕の息子は生まれながらにして心臓の病を抱えていました。

「どうしてこの子が……」と湧きあがってくる思いに急かされるように、いろいろな病院に行きましたが、何度もたらい回し。やっと小児科の心臓の名医にたどり着いてお世話になりました。

ところが、ようやくつながった先生に診ていただくと、これまでに例を見たことがない病気とのこと。たとえ手術をしても麻酔で心臓が止まってしまうこともあると言われ、頭が真っ白になりました。

「先生、どうしろというんですか？」

「**崔さん、祈るしかありません**」

その言葉を聞いて、僕はかなり取り乱しました。これだけ苦労してやっと見つけた名医に「祈るしかない」と言われるなんて……。

「**祈りだって、治療です**」

その一言でさらに怒りが込み上げてきましたが、「もう、やめて！」と泣きながら僕を抑えてくれたのが妻でした。どうにも気持ちが収まらず、その後もイライラが続きましたが、気丈夫に心を落ち着かせている妻の姿を見て自分を反省しました。

そのとき、うちの師匠や先生から教えられたことを思い出したのです。

「**燎ちゃん、忘れないでね。祈八願二だからね**」

「祈八願二って、どういう意味？」

「字の如く祈りが8割で、願いが2割っていうこと。祈りと願いは違うからね。よく覚えておきなさい」

「祈り」と「願い」は違う？　何が違うんだろう？

息子の手術が始まったとき、ただ僕は手を合わせ続けました。

「**神様、頼むから息子の手術が成功しますように。元気にしてくれ！**」

「自分はどうなってもいいから息子を助けてほしい」と願ったとき、いちばん最初に感じたことは、自分の親もそうやって自分を育ててくれたんだな……ということに対する気持ちです。その親を育ててくれた祖父母も同じように育ててくれたんだと思ったとき、この「思い」は肉体が亡くなったとしても、消えるわけがないと思ったんです。神様とか先祖供養は確かに重要だと知っていたし、本当にいるのかどうかなんてわからなかったけれど、

「ご先祖は存在するんだな」

と正直に思ったんですよね。神様がどうのこうのという前に……。

「まずは先祖供養から……」という意味がようやくわかりました。命のバトンの先に自分が立っている、そしてその先に息子もいる。そう思っている自分がいました。

さらにわかったことは、手術のことをみんなが気づかってくれて、ＳＮＳでは仲間の呼びかけによって驚くほど大勢の人たちが声を掛け合いながら、息子と僕に祈りを捧げてくださいました。見も知らぬ無数の人たちが全国から祈ってくれたということです。

時間はかかりましたが息子の手術は大成功でした。奇跡としか言いようがありません。多くの人たちに「ありがとう！」の言葉しかありません。

あのとき、術後の経過を報告した僕に師匠が言ってくれた言葉は忘れません。

「燎ちゃん。あなたが手術中に手を合わせていたのは『**祈り**』**ではなく**『**願い**』だったよ。自分ではどうしようもできないから他力に願う。悪いことじゃないよ。だけど、手術が成功して大泣きしながら、心を合わせてくれた大勢の方々や関係者への感謝の思いがあふれていたはずよ。あれこそが『祈り』なのよ。**祈りとは、感謝があふれることなんだよ**」

その頃の僕は「感謝」という言葉に抵抗感がありました。というか、わからなかったのです。

「感謝、感謝って、いったい何に感謝しろというんだ。感謝していればいいってもんじゃないだろ？」

誰かに「ありがとう」と言うことが、ただお礼をすることがすなわち感謝なのだと思い込んでいた時期もありました。

「感謝」とは、するとか、しないとかではなく、あふれてくるものなんだということを知ったのは、息子の体験を通してでした。僕が抵抗を感じていた「感謝」とは、そういうことだったのか。経験がないから理解できなかったんだ。

感謝があふれる体験のあと、思いも寄らないことが山のようにやってきました。

叶えごと、願いごと、祈りごと

息子の手術を通して初めてわかったことがたくさんありました。

そのひとつが**「叶えごと」と「願いごと」と「祈りごと」の違い**です。

おそらく、昔の僕のように、すべてがひとまとめで、ごっちゃになっている人も多いと思われます。僕なりにわかったことを書いておきます。

「叶えごと」というのは、努力をすれば自分の力で何とかできることです。例えば、彼女をつくりたい、結婚したい、起業したい、売り上げを伸ばしたい、出世したいなど。神様の力を借りるようなことではありません。そんなこととは気づかず、「叶えごと」を他力に任せたり、神様に委ねたりする人は多いものです。叶いたいことと自分の努力や自己成長は大いに関係しています。

人は、自分の実力に見合ったことを自分の力で叶えていくのです。

「願いごと」とは、自分の力ではどうすることもできないこと……例えば、世界平和だったり、震災に遭遇した地域の復興だったり、戦争をしている国の終結を思ったり。自分1人だけの力ですべてを救うことができないからこそ願う、のです。「叶えごと」のときも同じですが、「幸せになりたいと願う」とか「お金持ちになりたいからと願う」は違いますからね。これは自分の力で叶えることであり、神様に願うことではありません。「神様お金をください。貯金がないと不安なので貯めておきたいのです」こんな思い、神様でなくて投資家でも出資しませんよね。「そんなもの自分で稼いで貯めろ！」という話でしょう。「叶えごと」と「願いごと」を混同してしまっている人も大勢います。

「**祈りごと**」は、僕が息子の件で体験したことです。息子の手術が終わったにもかかわらず手を握りながら付き添ってくださった先生や、ずっと側についていてくれた看護師さん。そして、日常的に関わりのないどころか一度も僕たち親子と会ったこともない、数えきれないほどの人たちが〝祈って〟くださったということの事実。そんな出来事を思うと自然と涙があふれてきて、そのことに僕は毎日手を合わさずにはおれませんでした。「感謝とは、考えたり、思ったりするものではなく、あふれてくるものなのだ」ということを初めて知ったのでした。

「感謝の意味がわかったか？」

師匠から聞かれました。「感謝」という言葉が大嫌いで、「足りない」と師匠から言われてもその意味すらまったくわからなかった僕です。やっと感謝の意味も、それがどういうことなのかも、少しだけ理解できるようになりました。

「簡単なようで難しかったやろ。崔燎平、理解するまでに18年かかったね」

今ここにいられることへの感謝。いろいろなお客様が来て、いろいろなことを言われてもお店が続けられたことへの感謝、愚痴や文句を言っていたけれど借金を返せたことへの感謝……。

気がつくと今着ている服も誰かがつくったものだし、今日食べたごはんの食材も料理も誰かがつくったものです。

1人で生きているんじゃなく、誰かの存在があって自分は生かされているという事実。そこにも感謝です。

願いごと…自分の力ではどうすることもできないこと

叶えごと…自分の力で努力すれば何とかなること

祈りごと…感謝の気持ちを伝えること

あなたは神様に会ったことがあるか？

多額の借金の返済で毎日慌ただしく働いていた頃、ことあるごとに「**感謝が足りない**」と言っていた師匠の言葉が急に変わり出したときがありました。

それがこの言葉です。

「神様に会ったことがあるか？」

「神様ぁ？　会ったことがあるかって？　何言ってんの？」

商売をしていたので、師匠に言われるがまま神社の「1日参り」は毎月行っていましたが、もともと神様なんて全否定していましたし、自分の会社には神棚すら飾っていませんでした。

それまで言われていた「感謝」という言葉すら嫌いだったのに、今度は「神様」と会ったことがあるかって……言っていることの意味がますますわからなくなりました。

追い込まれた状況のなかで、手を合わせて神頼みしている人間に対しても、できる努力をあきらめて神にすがる弱い人……くらいに思っていました。

神様なんて全否定している気持ちが強かったのが正直な気持ちです。

それでも必死になって働きながら最低限の「1日参り」には行っていたものの、

「**神様に会ったか**？　**神様に会ったか**？」

そんな師匠からの問いかけに何度もブチギレました。

「会ったことなんてないし、そもそも神なんて知らないし、いるわけないし！」

それが当時の僕の見解です。

ところが10数年間続けていたお参りにいよいよ行かなくなった理由がありました。

それが、先にも書きました息子の病気がわかったときからです。

生きるか死ぬかの病気を患っている息子を見ていると、神様なんてなおさら関係ないと思っていましたし、師匠からの言葉にも、

「何が感謝だ？　何が神様に会ったかだ？　そんな場合じゃねえよ！」

〝祈るしかない〟と医者から言われたことや、師匠からも〝祈八願二だ〟と告げられたことも、今振り返れば僕自身がまだまだ理解する「器」ではなかった証拠です。

手術が終わって、安堵した気持ちでいるとき、

「お前は神様に会ったか？」

再びそう言ってきた師匠に、僕はこう答えました。

「だから、神様なんていねえよ。しかし、もし神様が本当にいるとしたら、手術を担当してくれた先生こそ神様だし、看護師さんたち、検査をしてくれたお医者さん、ＳＮＳを通して祈ってくださったり、たくさんの励ましのメッセージを書いてくれ

たりした人たちこそ、**俺にとっての神様だよ**」

そんな僕の言葉を聞いて、めずらしく師匠が大笑いしました。

「そうだよ。その通りよ。**みんなが神様なのよ**。**神様を数えるときの単位を知ってる**？『**柱**』**と言うの**。人の心とは、芯でもあり神でもある。それは音読みと訓読みの言葉遊びだけれど、心も芯も神も、それ自体が人を支えている柱になっているのよ」

師匠は続けて、こんなことを教えてくれました。

「**人が神様なのではなく、人のなかに神様がいる**。**だから、あなたは1人じゃない**。**あなたにだって神様はいます**。出会った人、すれ違った人のことを思いながら手を合わせ続けることが、すなわち〝感謝〟だし、それをただ毎日、暮らしのなかで繰り返すだけで〝運〟も開けてくるのよ。

ところが人は、すぐにお金をかけてそれを得ようとしたり、神頼みをしたりしようとするけれど、本当は神社に行かなくても、お墓に拝まなくても、自分のなかの

〝神〟に感謝をしていくだけで、いろいろなことが繁栄していくの。
重要なのは、私たちがご先祖様だけでなく、出会った人の心の神様のことを思って毎日手を合わせ続けるだけで、**〝感謝〟は溜まっていき、いずれあふれる瞬間がくるということを知っておくのよ**」

もう昔と違って、感謝にも神様にも抵抗を感じていない自分がいました。

「**感謝が足りない**」

そう言われて反発していた僕に何が足りなかったのか……息子の病気を通して教えられたことばかりです。そういうことにやっと気づけた瞬間から、思いも寄らないことが山のようにやってきました。

いちばん驚いたのは、つながる人とのご縁がありえない展開に変わっていったことでした。「第1章」にも書いたように（P50）、それは堰き止められていた水が一気に流れるみたいに怒涛のごとく起きました。それまで遠くから見ていた憧れの方たちとの距離が、あっという間につながるご縁をいただいたのでした。

一気に縮まり、仲良くさせていただいています。

なんでこんな現象が起きたのか。師匠は笑顔で言いました。

「それは、類は友を呼ぶからよ。なぜって？　この人たちはすでに〝感謝〟という言葉の意味を知っているからよ」

以前、ひすいこたろうさんが、こんなことを教えてくれました。

「自分が書いた本がベストセラーになる前、あるときいきなり、それまでに味わったことがないくらいの『ありがとう！』が込み上げてきました。そのとき初めてあふれてくるものが『感謝』だと知りました。感謝とはするものではなく、あふれてくるもの。涙が止まらなかったことを覚えています」

僕もひすいさんと同じ体験をして、やっと感謝の意味がわかりました。

S級の成功者たちは何が違うのか？

「『信仰心』の先にあるもの、それはなんだと思う？」

ある日、師匠に聞かれて言葉に詰まったことがありました。

「それは『感謝』だよ。信仰心の先にあるのは間違いなく感謝です。
では、感謝って何？　って話になるよね。感謝って何だと思う？」

足りない、足りないと言われ続けてきた「感謝」の二文字。信仰心が感謝？　どういうことだろう？　当時の僕にはわかりませんでした。

「感謝って、現状に満たされて、このままでいい！　なんて思っている人が言う言葉のことを言うんじゃないよ。『今のままでいい〜感謝だね〜』って、それは違うから。欲のない人は仏（死人）と一緒だよ。〝欲がない＝死〟よ。欲があるのに、欲がないふりをしている人たちも同じ。人がム（無）になると書いて〝仏〟の字になる。いいっ？　すべてのものに感謝できること、これは絶対に大事。でも、それだと凡人クラスなの。強運者にはＡ級を極める人がいるけれど、さらにその上のＳ級まで行ける人がいる」

「え、え、Ｓ級ですか？　強運者のＳ級？」

僕は何度も聞き返したのでした。強運者のＡ級のこともまだわかっていなかった僕に、その上にＳ級があるなんて……。そして、Ｓ級の人たちが味わっている「感謝」とは何か？　そもそも「信仰心」の先にある「感謝」とは何か？　疑問は深まるばかりでした。

強運者とは「**私は運が強い！」と思える人のこと**だと、僕は前著（『強運を磨く「暦」の秘密』）でも書きました。ところが、強運者でもA級になると今度は、

「成長し続けて、人々に還元する」

という自分への目標が生まれてきます。

「もう、これでいい」とは思わない。自分から終わりを決めない。正直で真っ直ぐ生きる。自分の成長を惜しまないこと。そこに気づいて進める人は**強運者のA級**だ、と。ところが、そのまた上に「**S級**」というのがあるというのです。

A級の人も、それはそれで素晴らしいのですが、自分が持っている能力の100％を使うことまでが限界だと言います。自分を成長させることに全力なのですが、その力の矢印が自分だけに向いているうちはA級の域を出ることはできない、と。

ならば「Ｓ級」とは、どのような人なのでしょうか？

それは、**１００％の自分の能力をぶち破り、１２０％または１３０％と自分の能力を無限大に広げられる人**。こういう人は見ている景色、描いているビジョンのスケールが違うといいます。

つまり、自分が守りたいもの以上に、思いの強さの枠がでかかったり、稼いだお金の入口と出口を明確に知っている人だったり（利益を社会貢献のために使用するなど）。自分のことのように人様のことを考えて動ける人が「Ｓ級」に値します。

守りたいものの枠が広がれば広がるほど、助けたいものの枠が広がれば広がるほど、その人の「器」もデカくなっていくのです。

この世界のなかで、自分のことや身近な家族のためだけでなく、明確に「**世界中の人たちに夢や希望を！**」と考えているＳ級の人たちは、それを発揮するための力の使い方を知っていますし、心に描いているビジョンの規模感も違います。

もっと自分が愛されていることに気づきなさい

私たち1人ひとりのなかに「神様」がいることは書きました。日本は、そのようなことを大事にしてきた国だったのです。それと同時に、師匠は日本語の数える単位の奥ゆかしさも教えてくれました。１２３ページでもお伝えしましたが、多くの数える単位の響きが、そのものが遺るものから付けられています。

例えば、牛や豚なら頭が残るから「1頭、2頭……」。

魚は尾っぽが残るから「1尾、2尾……」。

鳥は羽根が残るから「1羽、2羽……」。

人は名が残るから「1名、2名……」。

ただし、人は名前が残るからといって、かなりの数のご先祖様の名前を覚える人もいますが、それが重要なのではありません。だって、人によっては様々な事情からご先祖を遡れなかったり、名前を調べられなかったりするケースだってありますからね。

大切なのは、**思いを馳せられるかどうか**です。たとえ名前がわからなかったとしても、連綿と続いてきた命の流れに、きちんと気持ちを向けられるかどうか、です。

先に書いたように神様は「1柱、2柱……」と書きます。

では、どうして神様の場合は「**柱**」という単位なのでしょうか？

僕が師匠から教えられたのは、私たちのなかには「**心**」があるということです。心とは音読みで「**シン**」つまり「神」も同じ音を持っていること。そして私たちの中心には「心《シン》」と「神《シン》」が「**芯**《シン》」として柱となっていることにもつながります。

その「柱」を支えているのが何なのか？

あなたのなかにいる神様の存在もあなたを支えるひとつでしょう。

僕がまだ講演をやり始めた頃、うまく話せるのかどうか、聴いてくださる方々を楽しませられるのかどうか不安になったことがありました。そのとき、師匠が教えてくれた連綿とご先祖様からつながっている「血の流れ」を思い出したのでした。

「あなた、自分の体は自分だけのものと思ってない？」

「違うんですか？」

「あなた、自分の心臓を止められる？」

「えっ？」

いきなり何を言っているのか戸惑いました。

「止められるわけないやん」

「自分の体を自分のものだと勘違いしないで。自分のものだったら心臓も止められるでしょ。血の流れ（血流）だって止められないよね？　あなたの意思とは関係なく、この体はあなたを生かそうとしている。あなたの親、祖父母、あなたの先祖がいるからこの体があるの。先祖のおかげで生かされていることを知りなさい」

「それは、わかります」

「**自分の体に流れている〝血流〟は先祖そのもの。**先祖から授かっているし、先祖から愛されていることよ。あなたの意思じゃなく、先祖の意思が　あなたを生かそうとしているから、あなたは愛されている。そういうふうに受け止めてね」

目の前にある壁……期待に応えられるのかっていうプレッシャーだったり、どうしても自分のことを信じられないと感じたときだったり。

「**私のなかに流れている〝血〟を信じなさい。**数千、数万という先祖たちの叡智があなたのなかに宿っているのよ。

　ご先祖様のなかには、あなたが今からやろうとすることが得意だった人もいるはず。だから全身を流れている〝血〟を信じれば、きっと力を貸してくれる。ご先祖様を信じて乗り越えるきっかけにしなさい。そして、〝流〟は〝龍〟と同じよ。自分の中に龍がいる。そう考えると心強いでしょ」

　私たちの体、いや命だって、誰かの何かの存在なくして語ることすらできないのです。**そこに愛があることは言うまでもありません**。

私たちはみんな、数えきれないものの愛によって存在しています。

そのような「愛」に気づき、形のない場所でも手を合わせる習慣さえあれば、ご先祖様の存在を感じ、神様自体のイメージもつきやすくなるものです。

私たちの生活のなかに、あえて形があるもの……例えば、神社に行って手を合わせる、ごはんをいただくときに手を合わせる、仏壇の前で手を合わせる、神棚の前で手を合わせる……なぜ、そのような行為をするのでしょうか？

それは、ひとえに自分の周りにその姿を見せることが重要だからです。前章の最初に書いたように（Ｐ１６４）、それを見せること。では、誰に見せるのか？

いちばんは「**家族＝子どもたち**」です。先祖の教えを大切にし、信仰心＝感謝の心をしっかり持っている人たちが大事にしていること。

それは、その姿を暮らしのなかで、子どもたちに日常的に見せることが、心を継承していくことへとつながっていくことを知っているからです。継承していくことで、「あなたは1人で生きていない。多くのものとつながりながら生かされているのだよ」という愛と安心感を伝えるためなのです。

もっと自分が愛されていることに気づいてください。

第５章のまとめ

- 「感謝」とはあふれてくるものである
- 「叶えごと」とは、自分の努力で何とかするもの
- 「願いごと」とは、自分の力ではどうすることもできないこと
- 「祈りごと」とは、あふれてくる〝感謝〟に気づくこと
- 〝神様〟とは、誰の中にも存在するもの
- 〝信仰心〟の先にあるのは「感謝」である
- 神様を数える単位「柱」は、多くのものに支えられていることの表れ
- 暮らしのなかで形のあるものを見せながら大事なものを継承すること

いきついた答え

昔は愚痴文句が多かった
どうしたら愚痴文句を
言わなくなるか…
尊敬している経営者たちに
聞いてみた
愚痴、文句が
多くて…
ふむ…
それはね
"感謝が足りない"
からだよ
感謝…!?
大嫌いな言葉…
経営者の中には
"感謝なんか関係ない"って
言ってくれた経営者もいた
DOWN
だが"感謝は関係ない"
と言った経営者の
会社は低迷し、
"感謝が大事"と言った
経営者の会社は
上昇していった
UP!!
あの頃はわからなかったけど
今ならわかります
感謝は大事
崔燎平、
理解するまで
18年かかった

第6章

自分の能力を限界突破する強運者たち

これまで「愛」の意味や「先祖供養」の大切さ、
「信仰心」と「感謝」のつながりなどを通して
僕が感じてきた「運の本質」にふれました。
そのうえで、その本質を活かしながら
あなたはいったい、どう生きるのか。
ここから先は個々人の考え方や実践能力の
違いによるものが大きいと僕は思います。
自分の限界を突破するために
強運者が心がけていることは何か？
そこにはシンプルだけど大きな秘密があるのです。

中途半端な「悟り」はいらない

僕の師匠がよく言っていました。

「中途半端に悟りを開いたみたいなヤツがいるけど、死ぬまで取っとけ！」

お金儲けは良くないとか、自分のことはさておき人のためみたいな……聖人君子のようなことを口にする人に、師匠は決まってそう言います。

「感謝、感謝って。いい？　感謝の意味をちょっと知ったからといって、勘違いしたらいけんよ」

何事も中途半端にするな！　とよく怒っていました。

「自分はもう満たされています。すべて持っています。幸せなんです」

そういう人に師匠は遠慮なく言います。

「自分の欲に対して、もっと正直に生きることが人間の本性であり、人間だからこそできる体験なのよ。中途半端に納得して、欲がないフリをして『私は幸せ〜』なんてやるなら、それは死んでいることと一緒でしょ！

あなたは、よっぽど暇なんだね。悟った気にならないこと。いい？　山にこもっている坊さんでさえ、飯は食べるし、寝たければ寝る。それって欲の塊じゃないの？」

ただし、**正しい欲の満たし方がある**、と師匠は付け加えてくれました。とことん欲に正直になる。でも、正しい欲の満たし方や使い方がある。

そこに向かうからこそ、ご先祖様からの応援も得られると教えられました。

自分の欲に正直になりなさい

「美味しいものを腹いっぱい食べたい、もしくは食べるって悪いことだと思う？」

ある日、師匠に聞かれたことがありました。

「燎ちゃん、どう思うね？」

どう思うって、聞かれてもなぁ……。僕は戸惑いました。

その昔、師匠と先生を前にして、

「僕がここに来た理由は、金持ちになりたいからです」

と話したことがありました。なぜ占いを習いたいのかという問いかけに、僕だけがそう答えていたのでした。先生は、そんな僕をいつも横に置いてくれました。

「金持ちになりたいんでしょ？　だったら、成功する人としない人を横で見ていたらいい。その目でちゃんと観たらいいよ」

誰もが母親から生まれてきて、誰もがいつか死に向かうのが人生。そのなかで、幸せになる人とならない人。成功する人としない人。いったい何が別れ道なんだろうか……。

まだ若かった頃の僕が、そう簡単に答えを見つけられるわけがありません。

「あなたが『お金持ちになりたい』って言ったから、正直でおもしろいと思ったのよ。自分の欲に正直になって生きる。それを悪いことだと思っている人もいるけれど、とんでもない！　美味しいものを食べたいし、人よりも見栄を張っていい服を着たい、いい車に乗って、いい家に住んで……。貧乏人って、なめられたくないんでしょ？　欲を満たすことなんて普通よ、普通。まっとうな証拠よ」

師匠は笑いながら言ってくれました。

「だから欲を持って突っ走れ！」

妙に励まされて、何だか嬉しくなったことを覚えています。

中途半端に丸くなるな！　もっととんがって生きていいのよ！

「欲には欲の正しい満たし方がある」

僕は師匠と先生の2人から教えられました。

「人をだましたり、不倫をしたりと、そういう欲の満たし方じゃないんだよ。誰かが悲しむ満たし方をしても、それはただ個人が喜ぶだけの話。たくさんの人を喜ばせながら欲を満たすということが大事なところよ」

僕が1冊目の本を書いたときも、師匠や先生に叱られました。

「こんな本なんて売れるわけがない。これは自分の妻や子どもたちへのメッセージとして書きました」

言った瞬間、師匠から頭をぶん殴られました。

「あなたはバカなんじゃないの？　どれだけの人たちがこの本に携わって、形になることでそこからお金を得るかわかる？　あなたの自己満だけでやるんだったら、あなたが自分で書いて勝手に子どもに遺せばいいじゃないの！」

師匠や先生は、いつもずかずかと私の心に入ってきます。

「家族へのメッセージ？　何それ？　全然カッコついとらんよ。売らんでもいいの？　印税いらないの？　有名になりたいと思うんだったら、その通りの気持ちを口に出せばいいのさ」

「あなたの言っている言葉と心が一致していない」って、さらにダメ出しを言われました。そして、自分の心に聞いてみました。自問自答してみたのです。

「じゃあ、本当に売らんでもいいの？」

「いや、どうせならやっぱり売れたいよね」

「それで印税いらないの？」

「やっぱりいっぱい欲しいよね」

「だったら、その通りの気持ちを口に出せばいいのさ」

それをカッコつけて、いや、家族のために書いたものなので別にいいですとか。

「アホか、お前は？」って言われました。

「本当に欲しいものを〝欲しい〟と言えるのが恰好いいのよ。〝カッコいい〟という言葉の意味、わかる？　**心が合うから〝恰好いい〟**のよ」

あの日の出来事から自分の本心をできるだけ言葉にして言うようになりました。

恰好いいとは 自分の言動 ＝イコール 心の状態 になっている姿

自分の能力を限界突破する人の共通点

僕自身のことですが、会社も個人活動での売り上げも、もうこれ以上は上がらないだろう、と思っていた時期がありました。ある程度、自分の運も強くなったし、感謝のことも知った気になって、収入の壁を感じながら、これ以上は伸びないだろうと勝手に思っていたのです。ところが、

「**いやぁ、まだまだまだだよ**」

師匠に言われて驚きました。

「もう頭打ちじゃないのかなぁ……」

「だから、中途半端な悟りはやめなさいって言ったでしょう。どうやって自分の〝器〟を大きくしていくのか。自分で限界を設けちゃダメよ」

本当にやりたいことをやるためにお金を稼ぐ。自分の欲を満たしてお金を手に入れて、また次にやりたいことに邁進する。その先に見えているものが、もし多くの人様が喜ぶことなら、いろいろな人やご先祖様だって味方するでしょう。

一般的な強運者。A級の強運者。さらにはS級の強運者。

師匠から教えてもらった世界中の強運者たちのなかで、A級だけでは収まらないS級の人たちがやっていることは何か？　どんな考え方を持ちながら自分の限界を突破していくのか？

何のためにこの命を使うのか？

何のためにお金を稼ぎたいのか？

それを何のために使いたいのか？

何に対しても貪欲でいいと思うのです。貪欲に求めて、貪欲に生きて。

そのような明確な理由を見出せないまま何かを始めても、ほとんどがうまくいきません。

私たちは、ただ生きているわけではありません。生まれてきた本当の理由は、生きていくなかで常に成長していくことだと思うのです。それも、ただ成長するだけじゃなく、**成長したことを還元させていくこと。**

知りたいと思う好奇心。それを学んでいく探究心。いつまでも新鮮な心を持ち、自分を高められる情熱を抱いたまま、成長し続けることを惜しまない。

そして成長とは、たくさん本を読んだり、経験を積んだりして知識を得ることで終わることではなくて、学んだ経験や知識を通して、たくさんの人に喜んでいただくことだと僕は思います。

だからこそ熱く、欲に対して正直に生きることが必要です。

「私には欲なんてありません。お金なんて関心ありません」

師匠や先生は「**アホみたいなこと言うな！**」って一笑します。

「あなた、いい？　それは良い人じゃないよ。ただのバカって呼ぶんよ」

生まれてきてから死ぬ間際までが勉強。
生まれてきてから死ぬ間際までが青春。
生まれてきてから死ぬ間際までが成長。

あなたが情熱的に、果敢に、欲を探究しながら生きることで喜ぶ人がいます。

あなたが恰好良く生きることがご先祖様たちの喜びにもつながるのです。

せっかく生まれてきたのなら、自分が存在することで1人でも多くの方々が喜んでくれたら嬉しいですよね。それが誰かの幸せを生み出すならなおのこと。

自分だけの幸せを求めることも決して悪いことではありません。ただ、明日が来ることを約束されている人なんて1人もいません。僕は息子が手術から戻ってきて、家族みんなで一緒にご飯を食べながら本当に心から幸せを感じ、感謝の気持ちがあふれてきたのです。

でも、師匠から言われました。

「燎ちゃん、そこで止まったらダメだよ。あなたは何に命をかけるの？」

そんなことを聞かれました。

「あなた、家族やスタッフだけが良ければいいと思うんじゃないよ。愛する人、守りたいと思う人が増えれば増えるほど、どんどん、あなたの〝器〟も大きくなるからね。もっと器を大きくしなさい」

僕は言葉に詰まりました。

「いい、覚えておいて。赤ちゃん1人を抱っこしているお母さんに、男は勝つことができないからね。人は守るものが大きくなればなるほど、自分が思っている以上の力を発揮するのよ。毎日それを意識して、必死に生きてみる。そのきっかけをつかめた人ほど、器は大きくなっていくことを忘れないでね」

私たちはみんな、生まれてきたときに持っている能力は１００％純粋に備わっていると思うのです。それをいかに１２０％から１５０％まで育て、大きくしていけるのか……強運の持ち主、または大強運者たちが持っている「運の本質」は、自分の力を発揮できる場所やタイミングをちゃんと知っている。

そして、それだけではないこともわかっているのです。

大強運者たちが
みんな知っている大切なこと

海外の経営者たちには、特定の宗教を信仰している人が少なくありませんが、それが何教なのかということよりも、**やはり「信仰心」があるか、ないか**が大きなポイントになります。

これまで書いてきたように、**「信仰心」は感謝の心を生み**ますし、感謝から「祖霊」の存在を感じ、それが国を愛する心、そして同じ志が共有できる「**同志＝仲間**」の存在や出会いへとつながっていきます。そんなリーダーの下で働くスタッフたちも、みんなが信仰心や愛国心を共有できているのです。

つまり、同じ志を持った同志や仲間の存在があってこそ、さらに自分の限界を突破できるのです。仲間を思う気持ちも、そして自分の国を愛する気持ちも、そのような同志や仲間の存在があるからこそ、さらに芽生え、強くなっていくわけです。それが大強運者こそが知っている「**運の本質**」なのです。

日本の長者番付に入っているような経営者のみなさんは、どうでしょうか？　どれだけの方が祖霊の存在に思いを馳せながら愛国心を大切にし、国の未来……ひいては子どもたちの未来までをも考えながら仕事をしているでしょうか？　自分で命を絶ってしまう人のあまりの多さを、どのように感じているでしょうか？

もちろん、そのような経営者などまったくいない……と言っているのではありません。過去には日本の長者番付にも名を連ね、「世界」と勝負した松下幸之助さん（現パナソニック）や稲盛和夫さん（京セラ）、石橋正二郎さん（ブリヂストンタイヤ）、出光佐三さん（出光興産）など世界と対峙できる経営者の方々がいたことを忘れてならないでしょう。

しかし、決定的に違うところがあるのです。

それは、同じ志を持つ同志のつながりがある以上に、**大強運者たちを支えている人たちがいた**ということです。

歴史上に名を馳せてきた人たちを調べてみるとよくわかります。

家族はもちろんのこと、会社のスタッフや関係各所でつながっている人たちがみんな、大強運者の志や考え方、行動力に心から共感し、**ともに同じ景色やビジョンを描きながら歩いてきた**こと。

それは、たった1つの企業の利益だけにとどまらず、全世界の人類や環境に影響を及ぼすような動きにまで広がったことを見ても理解できるでしょう。世界の進歩に貢献した人も少なくありません。

「愛」の意味を知り、「運の本質」をしっかりと理解しながら動ける人たちが、この日本からも誕生してほしいと僕は願っています。

と言いながら僕自身も、自分の器をもっと広げられる人間になりたいと思っています。

第6章のまとめ

- 中途半端に悟った気にならず、正しく欲を満たすこと
- 自分の能力の限界を突破する人は命やお金の使い方を知っている
- 毎日を必死になって生きているかどうかを自分に問うてみること
- 世界を動かすような大強運者には同志や仲間がいる
- 大強運者は支えてくれる人たちの大切さを知っている
- 「愛」の意味を知り、「運の本質」を理解しながら動くこと

先祖の口語り

うーん
また言われた
どうしたの？
最近、いろんな人から
同じこと言われる…
これで3回目…
あら、3回目なら
やってみた方がいいわよ
3回同じこと言われたら
"先祖の口語り"よ
あなたのご先祖様が
人の口を借りて
あなたにメッセージを
送っているのよ
伝えてくださ〜い
ご先祖様は
あなたのそばにいて
あなたのことを
見ているということを
忘れないで
ツイてる
からね

おわりに　どうやって「器」の大きさは変わるのか？

お伝えしたかったことはとてもシンプルなのに長くなってしまいました。

「はじめに」に書いた、師匠との喧嘩のなかで言われた運が強くなるために必要な「器」の正体……それは「**感謝**」のことでした。

「運」をテーマに扱った本や、自己啓発本のなかでも必ず出てくる言葉なので、たくさんの方が知っていると思います。若かりし頃の僕も知っていました。

ただ、知ってはいるものの「**感謝ができているか**？」と聞かれたら、できていると思っているのは自分だけ。いつも師匠からは「**まだまだわかっていない**」と笑われ、ずっと僕は苛立ちを覚えていました。

「感謝ってなんだ？　どうやったら知ることができるのか？」

そんな問いかけをするようになると、それがわかるようになるまで、実にたくさんの困難や苦難がやってくる……ということにも気づかされました。

こんなふうに本まで書かせていただいていますが、師匠曰く、

「やっとスタートラインに立てたくらいよ」

まだまだ精進しなくては……と感じている自分がいます。

たくさんの人の鑑定をしてきて思うのは、借金苦、失恋、離婚、リストラなど、多くの困難や苦難を抱えている方たちに**「まずは感謝ですよ」**なんて伝えたらきっと怒るでしょうけれど、本当にそれが重要なポイントなのです。

そこに気づかない限り状況は変わりませんし、何度でも難はやってきます。

そして「感謝」という言葉の意味を知るまでに、いくつかのプロセスが必要だったことに、あらためて今回の本づくりを通して振り返ることができました。

運が強くなるために必要な「器」をつくるのが「感謝」ですが、では、「器」そのものの大きさは変わるのでしょうか？　もし変わるならば、どうやって変化していくのでしょう？

たとえば、お猪口くらいの大きさの「器」と、どんぶりほどの大きさの「器」があったとするなら、入るものの量に違いがあるのは誰が見てもわかります。お猪口にはお猪口なりの、どんぶりにはどんぶりなりの大きさに見合ったものが入ります。

あるとき、僕が作家デビューした頃から講演を聴きに来てくださっている、美容カウンセラーの桜華純子さんとお会いしていたときのことです。

「崔先生って、怒りに似たエネルギーがあるんですね」

いきなり言われてびっくりしましたが、冷静になって考えてみると純子さんの言う通り、確かに僕は何かに向かってずっと怒っているのかもしれないという気がしました。

みんなそれぞれが能力を持っているのに、日本という国の知識や学問をつくってくれた祖霊のみなさんが残した教えを、ただ忘れているだけ。気づけていない人たち、自分のことを信じられない人たち、自分のことを愛せない人たち……気づいてほしい気持ちが「怒り」になって表れているのかもしれないと思い当たりました。

「きっと、その怒りのエネルギーは〝愛〟だと思いますよ」

純子さんに言われた言葉が今でも心に残っています。

「やっとスタートラインに立てたのよ」

初めて師匠から言われて2年ほど経っていますが、その間に僕の運命は激変して、付き合う人たちがガラリと変わりました。もちろん、変わらずに付き合いの続いている人もいます。

僕が人生の道を踏み外しそうになったときも、借金をかかえたときや子どもの病気がわかってどん底に落ちていたときも、人が信じられなくなって「もう1人でいい」と思ったときも、その人たちが引き戻してくれました。親身になって支えてくれる人が、僕の周りにはずっと居てくれたのです。

そしていつの間にか、僕はその人たちのことを、まるで家族のように愛していることに気づきました。愛が深まれば深まるほど、その人たちが苦しいときは同じように苦しくなりますし、もしその人たちが目標や夢を叶えられないと悩んでいるときは「絶対にそんなことはない」と言って励まします。

関わる人が増えれば増えるほど、愛おしさが増えれば増えるほど、僕はみんなのことを考えるようになりましたし、幸せを願うようになりました。

祈ること（＝思う時間）が長くなったのです。

自分の家族のことだけじゃなく、他の人たちのこと……講演家や作家仲間の人たち、講演会に来てくれた人たち、本を手に取ってくれた人たちなど、とにかく人のことを思うようになった自分がいます。

「あなたの〝器〟……大きくなってきたね」

師匠に言われたとき、僕はすぐに理解することができませんでした。
どういうこと？　じゃあ、祈る（思う）時間が長くなれば「器」は大きくなる？
「あなたは、まだわかっていないわねぇ（笑）」
本書の原稿を執筆しながら、ひとつひとつ自分が体験していったことをなぞるように時間を重ねていきました。

占いにのめり込んでいた頃、先祖供養の重要性を知った頃、「信仰心」から様々なことを学び、息子からは大切なことを教えられました。そして「愛」の意味を知り、その深さと偉大さを知ることができました。

そう、つまりは、愛する人たちが増えれば増えるほど、守りたいと思う人たちが増えれば増えるほど、この人たちの幸せを願えば願うほど、自身の「器」は勝手に大きくなるのです。

そうやって、「器」に見合った「感謝」が味わえるように「**器の大きさ＝感謝＝運の本質**」は成り立っているのでした。

人の幸せを祈り続けること、そのものが愛ですし、祈ること自体が「感謝」となります。どこにいても、どんな状況でも手を合わせることで祈りの思いはつながっていくことでしょう。

本書は5冊目の書き下ろしとなります。

おわりに

思いのほか本当に表現したいことがまとまらず、まるで3冊分の本の原稿を書くくらいの量を書いては書き直し、書いては書き直し……を繰り返しました。やっと自分が心から書きたいことを書き上げたときは心が震えました。

前作『強運をみがく「暦」の秘密』に引き続き、そんそがイラストを描いて、僕の原稿に華を添えてくれました。いつも、ありがとう。

2024年3月吉日

崔　燎平

イラスト／棚田尊子（そんそ）
デザイン／chichols
校正／くすのき舎
編集協力／平 涼多郎（今日と明日）
編集担当／佐藤句実（永岡書店）

崔 燎平（さい・りょうへい）　**開運アドバイザー**

サラリーマン時代に運命的な占い師との出会いから人生が激変。天文学、風水、九星気学、算命学、手相、家相、陰陽五行説、姓名判断など、古より受け継がれてきた運勢に関するあらゆる知識を学び、これまで6万人以上の人たちに生き方のアドバイスを伝えてきた、北九州の事業家。「嬉しいときは共に喜び、哀しいときは寄り添ってくれる」「人生のどん底にいる人でも、目標がある人には、情熱的に好転するための“きっかけ"をアドバイスしてくれる」などの声が多く彼との出会いから人生が激変し、開運する人が続出している。自身も人生のどん底を経験したからこそ伝えられる、開運、強運に導くヒントがたっぷりの講演は、即日チケットがなくなるほどの人気。その熱量とユーモアあふれる語りの魅力にハマる人が急増中。現在は、自らの事業経営のほか、企業の顧問アドバイザーや、講演活動が中心の日々をおくる。著書に、『50000人を占ってわかった 99%の人生を決める1%の運の開き方』『愛を叶える人 見離される人』『金運の正体』『強運をみがく「暦」の秘密』（すべて内外出版社）がある。毎朝欠かさずアップされているYou Tube「崔の店長日誌。」は、すでに1000回を超え、多くの人から支持されている。
公式YouTube：https://www.youtube.com/@sai_ryohei

世界中の強運者はみんな知っている

運の本質

2024年 3 月10日　第1刷発行
2024年12月10日　第4刷発行

著　者　　崔 燎平
発行者　　永岡純一
発行所　　株式会社 永岡書店
〒176-8518　東京都練馬区豊玉上1-7-14
代表：03-3992-5155　編集：03-3992-7191

DTP　　センターメディア
印　刷　　アート印刷社
製　本　　ヤマナカ製本

ISBN978-4-522-44113-8 C0076